中国佛教美学典藏

总主编

高建平　尹　佃

各分部主编

佛教绘画部　丁　方

佛教造像部　张　总　王敏庆

佛教书法部　何劲松

各分卷作者

造像经典与仪轨　王敏庆　普　能　著

石窟造像（上下）　何　莹　全　薇　著

地面寺院造像（上下）　宋伊哲　著

出土及传世造像　王敏庆　杨小娟　吴源虹　著

经卷佛画　张建宇　著

石窟壁画　张俊沛　著

绢帛佛画　刘　韬　著

禅意绘画　陈粟裕　著

禅德墨迹　聂　清　著

佛教碑刻　胡吉连　著

敦煌写经　李逸峰　著

佛塔建筑　王　耘　著

伽蓝建筑　徐　翥　著

主要编辑、出版人员

社　　长　刘祚臣

副总编辑　刘金双

主任编辑　曾　辉

编　　辑　（按姓氏笔画排序）

于淑敏　马　蕴　王　绚　王　廓

王一珂　王慕飞　冯　然　邬四娟

刘金双　李　静　李玉莲　宋焕起

林思达　易希瑶　帖慧祯　胡春玲

郭银星　黄佳辉　曹　来　盛　力

程　园　曾　辉　鞠慧卿

特约审稿　汤凌云　韩　伟　陈丽丽　王怀义

装帧设计　今亮后声

排　　版　博越创想

佛塔建筑

内容简介

本书从历史的角度，还原了佛塔自印度、西域而来，不断中国化的过程。全书共分五章，分别探讨了塔之本义——塔原本是用来干什么的；塔之形义——塔长什么样子；塔之造义——塔当下是用来干什么的；塔之合义——塔与所处周边环境有什么关系；塔之变义——作为一种建筑形式，其存在究竟有什么文化意义。本书还精选了近百张图片，图文并茂，全面、生动、活泼地呈现出了佛塔瑰丽多姿的风采。

王耘

文学博士，现为苏州大学文学院特聘教授、博士生导师，江苏省“333工程”第三层次培养对象、江苏省教育厅“青蓝工程”中青年学术带头人。主要研究方向为中国美学史、佛教美学、建筑美学等。已出版《“空”之美学释义》《中国建筑美学史》等六部专著，主持国家社科基金后期资助项目、一般项目、中华外译项目共五项，曾获江苏省哲学社会科学优秀成果奖三等奖。

国家出版基金项目
NATIONAL PUBLICATION FOUNDATION

高建平　尹佃
- 总主编 -

中国佛教美学典藏

佛教建筑部

佛塔建筑

王耘　著

中国大百科全书出版社

图书在版编目（CIP）数据

中国佛教美学典藏．佛塔建筑／高建平，尹佃主编；王耘著．—北京：中国大百科全书出版社，2024.5
ISBN 978-7-5202-1338-7

Ⅰ．①中… Ⅱ．①高…②尹…③王… Ⅲ．①佛教—美学—研究—中国 Ⅳ．① B948

中国国家版本馆 CIP 数据核字（2023）第 088425 号

出 版 人	刘祚臣
策 划 人	曾　辉
责任编辑	黄佳辉
责任校对	王　廓
责任印制	李宝丰
封面设计	今亮后声
排　　版	博越创想
出版发行	中国大百科全书出版社
地　　址	北京市阜成门北大街 17 号
邮政编码	100037
电　　话	010-88390969
网　　址	http://www.ecph.com.cn
印　　刷	北京雅昌艺术印刷有限公司
开　　本	889 毫米 ×1194 毫米　1/16
印　　张	13.5
字　　数	194 千字
印　　次	2024 年 5 月第 1 版 2024 年 5 月第 1 次印刷
书　　号	ISBN 978-7-5202-1338-7
定　　价	380.00 元

总序

这部多达十五卷的佛教美学和艺术的总汇，是聚数十名专业研究者，积八年之功完成的一项宏大工程。在过去的这些年里，各位参与者都很辛苦。现在，终于苦尽甘来，欣喜之感油然而生。

当前，我们正处在中国式现代化建设的伟大进程之中。要建设中华民族现代文明，就要将现代理论与优秀传统文化遗产相结合。中国佛教艺术是中国传统文化和美学的一个重要组成部分。古人给我们留下了许多精美的艺术珍品，值得我们花大力气去整理、总结，站在现代的立场进行思考、研究。

在五千年的中华文明史中，最初一千多年，中华美学思想的萌芽可从巫史传统和工艺创造中体现。当时的人留下了丰富的实物，给我们提供了对那个时代文化状况的丰富的想象空间。其后，从商到周，出现了精美的青铜器皿，形成了发达的礼乐文化，在实物、操作和观念这三个层面推动了中华美学思想的形成和发展。佛教是发源于印度的宗教，传入中华大地以后与中国原有的礼乐文明碰撞交融，经历了一次外来思想中国化的过程，由此造就了文明的更新。

中国的礼乐文化在周朝兴盛，历经春秋战国，尽管礼崩乐坏，但还是有人竭力保存，到秦汉时仍有所传承。礼乐文化服务于周王室，通过分封的等级制度，实现以上化下、以夏化夷的政治设计。秦汉以后，分封逐渐消失，大一统的帝国逐步形成。这一时期，社会的上层与下层相距遥远，礼乐仍在上层社会的一些礼仪性活动中施行，这时就需要宗教在下层起到填补审美需求空间的作用。

在欧洲，希腊式的城邦制度解体，原来的希腊－罗马宗教体系只在上层社会被维持；而基督教则从社会的下层开始发展，得到广大民众的支持，最终迫使罗马皇帝改宗，同时也在巨大的罗马帝国范围内流传，成为世界性的宗教。在中国，佛教在一定意义上也起着这样的作用。从汉代到唐代，普通民众的审美需求成为佛教兴盛的土壤。正是由于这一原因，通过满足社会中下层民众的审美需求，佛教的审美理想和艺术创造在文明的深处扎下了根。

中国佛教美学有着一些突出的特点。

第一是理想性。这种理想性与非现实性、虚无和出世的观念结合在一起。这在华严宗和净土宗等宗派的思想中有明显的表现。它们所追求的净土，并非存在于现实的此岸世界，而是在理想的彼岸世界。它们的美，也从属于那个世界。现实的美只是彼岸世界美的影子。

第二是通过悟来感受世界。通过悟获得真美，或是苦修而悟道，或是禅宗所主张的顿悟——机缘触发，瞬间就能得道，即达到真美的境界。

第三是偶像崇拜。各种源于犹太经典的宗教，无论是犹太教、基督教，还是伊斯兰教，都流传逃出埃及的以色列人由于崇拜偶像而引起摩西震怒的故事，从而形成各种反偶像崇拜的传统，有的弃绝一切形象，有的不准造圣像。即使后来最热衷造像的天主教，也是依据一套“愚人的《圣经》”的说辞，即运用图像给不能阅读的人演绎《圣经》故事，提供图像存在的理由。这样一来，天主教的图像只是神圣故事的演绎，其本身不具有神性；圣徒所崇拜的不是偶像，而是通过图像感受神的道理。与此不同，尽管佛教早期也有过一段无佛像时期，但后来很快就有了对佛像的普遍接受。佛教的造像被认为其本身就有神性，是神的化身。

第四是宏阔的时空观。源于犹太经典的各种宗教都具有关于世界起源的传说和关于世界末日的预言。佛教则不同，不认为有起源和末日，而认为世界在时间上是无限的，循环往复，以至无穷；在空间上也是无限的，无所谓中心、边缘。体现在美学和艺术上，佛教就具有一种超越时空、追求无限的美学观念。

第五是和谐圆融的审美境界。美的理想是一种圆，但这不是毕达哥拉斯的数学上的圆，而是圆融的生存境界。佛教讲世界和谐，这又是通过圆的意象得到体现。

本套书共分四部十五卷，涉及书法、绘画 、造像、建筑等。

佛教书法部共有四卷，即《敦煌写经》《佛教碑刻》《禅德墨迹》和《禅意绘画》。

在印刷术流行之前，佛经的流传主要靠人工抄写。在这方面，敦煌藏经洞给我们留下了大批人工抄写的佛经。当时传抄佛经是基于保存和流传的需要，同时佛教徒们也将抄写佛经当成一种修行，通过艰辛的抄写工作以积累功德。这不仅为我们留下了大量的经典，同时也留下了重要的对当时的书写进行研究的材料。绝大多数佛教徒在抄写佛经时，都有一种虔敬的心态，他们书写认真，字迹清楚、容易识读。在字体上，楷、行、草三体均有，但以楷书为主。

佛教碑刻包括佛经碑刻、造像题记及寺塔碑碣。这些碑刻用途不同，风格上也有差异，但大体上是以隶书和楷书为主，风格上庄严静穆，偶有装饰意味。

禅德墨迹包括具有文人趣味的禅僧的书法作品，以及受禅宗思想影响的文人的书法作品。这些作品风格自由活泼，字体多为行书和草书，通过笔墨直抒胸臆，表现内在的情感。

禅意绘画，最初是画者致力于表现禅理，强调直觉性和感悟性，并以此使绘画超越形象的描绘。这种绘画追求推动了中国绘画意识的发展，并且与文人绘画结合，对中国绘画观念的发展和转折起到了关键作用。

佛教绘画部共有三卷，分为《石窟壁画》《绢帛佛画》《经卷佛画》，各有其鲜明的特点。

石窟壁画是指画在石窟壁上的绘画。壁画是人类最为古老的一种绘画形式。中国佛教石窟壁画主要存在于西域地区，以佛像和佛教故事为主要题材，也包括对佛国之境的描绘，其中乐舞飞天的壁画穿越千年，给人以惊艳之感，成为当代众多艺术创作的灵感来源。石窟壁画大多受印度绘画人物造型的影响，又开始具有中原绘画的元素，成为中西艺术风格结合的最早范例。

绢帛佛画以敦煌藏经洞绢画为主，现多藏于英、法、俄、德等国的博物馆中，日本、印度、韩国等国也有保存。这些绢画所画的形象不同，有佛、菩萨、罗汉、武士，以及供养人。从这些画中可看出中国绘画中线条之美的来龙去脉、中国绘画色彩的源与流。宗白华区分了中国艺术的错彩镂金之美与芙蓉出水之美，绢帛画大体属于错彩镂金一类。

经卷佛画，即佛经中的插图或附图，包括佛教经卷的卷首画（也称扉画）、随文插图、卷末的拖尾画。从制作技艺来看，经卷佛画分墨绘佛画和版画，雕版印刷繁盛时代出现了讲述各种佛经故事的版画。对经卷佛画的研究很有价值，但过去研究不多，本卷是对此研究领域的开拓。

佛教造像部内容最为丰富，分为《石窟造像》《地面寺院造像》《出土及传世造像》《造像经典与仪轨》。

《石窟造像》分上、下两卷。上卷讲新疆和中原北方石窟，下卷讲南方和藏传佛教造像。将这些不同地域、不同时代所创作的造像放在一起来对比，可以清晰地看出这些造像的造型和艺术风格在文化交流中留下的痕迹和在时代变迁中的沿革。

地面寺院造像则呈现出多样性和变动性。遍布西域和中原大地的佛寺中的造像，以及在藏区的藏传佛教寺庙中的造像，呈现出各自的地域特点；经过千年变化，又呈现出不同的时代特点。尽管佛像有“千佛一面”的说法，但不同地域、不同时代佛像的差别仍鲜明地体现出来。

出土及传世造像可称为前两种佛教造像的补充。这些造像被发现和保存，具有极大的偶然性。它们不像石窟造像，可系统发掘；也不像现存寺院里的造像，原本就有完整布局，具有系统性。这种出土及传世造像相对零散，其系统性需要研究者构建。

《造像经典与仪轨》是很特别的一卷。该卷对佛教造像特点和主要菩萨、天王等形象的基本框架做了概述，还对佛教活动的空间、所用法器等做了阐释。

佛教建筑部共两卷，一卷讲伽蓝，一卷讲佛塔。

《伽蓝建筑》主要讲历代的中土佛寺及藏传佛教的寺庙。正像欧洲历史上的建筑集中体现于教堂一样，佛教寺庙亦成为中国古代建筑的典范。本卷分朝代展示中国古代的寺庙，并对藏传佛教的寺庙做了专门的论述。

《佛塔建筑》专门论述佛塔。佛塔造型精美，是中国古代建筑精华所在。佛塔近可与寺庙组成一个整体，高耸的塔在建筑群中起画龙点睛的作用；远可装点河山，在自然山水中加上人工点缀。佛塔原本是瘗埋高僧圆寂后遗体和珍藏舍利的地方。它既是死亡之所，又是涅槃和超越之地。生死之事，永远是最大的事，这与僧人生活有密切关联，也使塔有了人情、人性、理想等多种意味。

佛教美学和艺术的内容丰富多彩，包含各个艺术门类。除本套丛书所介绍的之外，还包括诗词、音乐、歌舞等。我们的想法是，在现阶段能做什么，就先做起来。希望这套典藏为更全面地研究中国佛教美学起奠基作用；也希望将来在此基础上，借助新媒体，使中国佛教美学的精华得到更为全面的展示。

在最初组织这一课题组之时，我们的计划是，从几个主要的佛教艺术门类中，选取最有代表性的作品，给予精要的说明，以形成佛教美学的一个总汇。其目的在于，将佛教美学的精华在一个选本系列中汇总起来，将一些平时很难见到、只有专家才掌握的佛教艺术作品的图片加以集中，配以解说，从而使这些作品受到人们的关注。佛教从两千多年前开始传入中国，带来了佛教美学和艺术，在中国大地上生根、开花，与中国原有的传统结合，再经过历代僧俗信众的传承和创新，形成了璀璨多彩的中国佛教文化。中国佛教文化成为中华文化的一个组成部分，在世界文化史上也具有重要意义。在今天，加强佛教美学的学术研究，对佛教艺术的普及，对大众熟悉和了解佛教文化，对传承和弘扬中华优秀传统文化，都是一件功德无量的事。

记得第一次开编纂工作会，任务是明确大脉络的分工，确定各卷的主持人和基本研究队伍，划定各卷内容的边界。各位参编者的热情都很高。大家一方面认为，这件事很重要，编出的书会很宏伟壮观，成为一个大制作；另一方面也认为，这方面的书过去很少，有了一个好的立意，再加上选对了人，编起来不会费多大的劲，不过是将相关领域的专家集中起来，将原本就熟悉的材料以一个新的、对读者更具有亲和力的形式重新组织一遍而已。

到了真正上手去做才发现其中的种种艰难。材料难找，解说不好写。历史事实考证清楚，解说内容正确，这是基本的要求。这方面的要求，说说容易，做起来就有难度。不仅如此，由于这套书冠名美学，在选材时体现美学视角、在解说中体现美学阐释就很重要，对于长期致力于事实考证的专家来说，这种工作也有一定的难度。在撰写过程中，有人畏难退缩，有人赶不上进度要求，但是，这样一个庞大的工程，开弓没有回头箭，再艰难也要做下去，并且要保质保量地完成。

在这几年的工作中，撰稿和编辑人员都付出了巨大的努力。他们不仅研读既有的书籍、史料和画册，还要遍访全国各地的代表性寺院。最让我感动的是，他们跋山涉水，带着沉重的拍摄器材到现场拍摄。为了获得最佳的拍摄角度，课题组还购置了无人机，以便在人无法到达的角度进行拍摄。他们的努力，为这套书提供了大量精美的独家图片。

在此期间，课题组多次在北京召开会议；还远赴广东、山西等地，举行各种工作会议。每次会议都力求实效，解决编写过程中所出现的各种具体问题，包括工作分工、人员配备、文字质量、图片规格和要求、工作进度，以及编撰者与编辑如何相互配合以加快进度，等等。为了深化这套书的美学特色，我们还邀请了几位对中国古代美学有研究的学者对文字内容进行了审阅，提出了许多具体的修改意见。

现在，书稿终于付印了。感谢参加撰写《中国佛教美学典藏》的各位作者，各位均为对佛教美学和艺术有深厚研究基础的专家。他们不辞辛劳，集中精力，终于使这项巨大的工程得以完成。更令我们感动的是，著名佛门高僧尹佃法师自始至终参与我们的策划立项、内容框架研讨和后期编纂工作，多次参加编纂工作会议，提出重要意见。中国大百科全书出版社的郭银星和曾辉两位接力领导的编辑团队，对这项工作极为负责，在编辑出版过程中提供了周到而贴心的服务。本书是各位辛勤劳动的结晶。

佛教艺术和文化是中华美学的一个重要组成部分。中国佛教之美是先人留给我们的一笔宝贵遗产。同时，它又是在当代充满生命力的活的美学。我们带着对文化传统的虔敬之心来整理这份遗产，又以面向当代、面向世界、面向未来的态度，带着责任感和使命感，以激发传统文化在当代的生命力为目的，来审视并引领中国美学的辉煌未来。

总 论

《中国佛教美学典藏》是佛教信仰及佛教历史的文化形态在审美维度上总体的还原和呈现，是佛教信仰及佛教历史的文化形态中所蕴含的丰富的审美意蕴和内容，而佛教建筑是其中不可或缺的部分。

人类营造建筑的目的，既多元又复杂，不纯粹，实用与超越并存，建筑营造往往围绕人的活动而展开，是孕育人类审美活动的“母体”之一：人的身体的存在需要建筑，人的社会群体的存在需要建筑，人的精神信仰的存在同样需要建筑，种族、民族、地域、宗教、时代、生产生活的习俗，无一不对建筑产生重要影响，而建筑终究为人而存在，即便建筑中可能贮藏食物、牲畜、法器、道具——“非人”，关押野兽、罪犯、囚徒——“反人”，乃至供奉神灵和装殓尸体、存放棺椁——“超人”和“死人”。即便有朝一日，人类崇尚起“自然”，去膜拜“荒野”，以至于执着追求元宇宙、二次元中超越人性的后人类文明，建筑也始终会与人类相伴相随——建筑不等于城市，不同于工业，不仅是理性，更不能用唯人类中心主义的暴力话语模式来涵盖和“誊写”，建筑的本义是一种被创造的空间。另外，人类的审美活动也首先是在建筑体内发生的，建筑如同人之审美的“原点”——不仅“宇宙”二字写作宝盖头，就连“审美”的“审”字，亦写作宝盖头，即中国古代北方屋顶“两面坡”两下四注的交覆原型。这一“原点”会如涟漪一般扩散、衍生，变幻出无与伦比的审美意境。

佛教建筑借助佛教的兴起和传播，在佛教所到之处，一路风生水起，添枝散叶、开花结果。原始佛教、小乘佛教时期的主题建筑多与个人实修有关：窟是僧伽生前修行之地，塔是僧伽死后修证之所。大乘佛教建筑则为信徒提供了更多的公共空间和恢宏造像，人们聚集在伽蓝寺院里，在佛殿中供奉诸佛、菩萨、弟子，瞻仰、礼敬佛塔中瘗埋的法卷和舍利。除此之外，寺庙还提供客舍，是诗人、书家、画匠、官宦等题壁吟哦，展现艺术天分的“梦工厂”。佛教文化的中心从印度东迁到中国后，中国的佛教建筑、日本的佛教建筑、韩国的佛教建筑等东亚佛教建筑又与东南亚的佛教建筑交相辉映，映彻琉璃。成熟时期的中国佛殿已与帝王将相的殿堂结构无异，只不过仍在讲述佛教的变文故事；塔的中国化程度更高，走向极致，从死的阴霾和狞厉中脱颖而出，与高耸的楼阁阙表结合，成为人们登高望云、凭栏远眺、仰观俯察、体悟生命意蕴的新“领地”。

《中国佛教美学典藏》中的佛教建筑部共分两卷，其一为《佛塔建筑》，其二为《伽蓝建筑》，用意在于，既从细部出发，还原佛教建筑群中一个个显著而特殊的案例，又在总体上描述佛教寺院建筑的基本格局，以期微观与宏观结合，立体呈现佛教建筑的美学内蕴。

中国远古文化的“主题”和“原型”是生，罕言死，甚至刻意回避谈及死亡。春耕夏耘秋收冬藏，生者如植物、作物般岁有枯荣，却没有死亡。生生不息，生生不已谓之道，在自然的世界里，死亡虽不是禁区，却总被遗忘。然而，佛教文化如同一枚楔子，把“死”带入了“生”的文化疆域。佛塔，恰恰用它充满寓意的方式，凸显出佛教作为舶来品的特殊意义。

《佛塔建筑》是一本类似于解读“佛塔”这一文化范畴的哲学短章。这本书没有按照时代、年代、朝代顺序来撰写，而是从佛塔的本义、形义、造义、合义、变义五种维度入手，全息观照和还原了佛塔这一建筑文化文本。佛塔的本义指的是佛塔的本来之义——佛塔原本是用来干什么的；佛塔的形义指的是佛塔的形式“语法”——佛塔在形式上的特点是什么；佛塔的造义指的是起立佛塔的原因——在现实生活中人们为什么要造塔；佛塔的合义指的是佛塔与其所处环境的整合过程——佛塔如何处理与周边建筑的协调关系及矛盾冲突；佛塔的变义指的是人们与佛塔具体的主客关系的历史演变是怎样的，人们如何进行自身与佛塔之间的交互对话，其历史发展有没有变迁的依据。

这本书的优势在于，首先，它提供了大量的图片。作者提供了近百张与佛塔相关的图片来论证佛塔这一主题。其次，它兼顾地上文献和地下文物两手材料。

作者不仅提供了丰富的存世的古代文献典籍内容，还将考古发掘中与塔有关的地下文物纳入其研究范围，使得本书对佛塔这一建筑文化有较为深入的思考。“建筑”不只是一个工科概念，更是一个文化范畴。作者结合佛教教义，把佛塔作为一种佛教文化文本来解读，摆脱了常见的仅停留在技术层面，通过简单罗列、堆砌数据的方式分析建筑的做法。

从本义上讲，“寺”从寸，之声，廷也，是执分寸者、守法度者任职，治事者相嗣的官署、府廷所在地，有司理、近侍的意思。汉代有三公九卿，其中奉常（太常）、郎中令（光禄勋）、卫尉（中大夫令）、太仆、廷尉（大理）、典客（大行令、大鸿胪）、宗正、治粟内史（大农令、大司农）、少府为九卿，魏晋之后相沿成寺。鸿胪寺是掌管外交、民族事务的官署，负责接待异邦宾客。“院”原指有周垣、垣墙、围墙的空间，如果房屋周围没有垣墙，房屋与垣墙之间没有距离，则无所谓“院”。可见，所谓“寺院”本与佛教没有直接关系，只有间接的关系。

在狭义上，“伽蓝”指的是僧侣安居的场所，“伽”指僧伽、僧团，“蓝”意为园；在广义上，“伽蓝”指的是寺院，僧众共住同修，供奉佛陀，表达着人们对于庄严佛国的向往和想象。《伽蓝建筑》是依据历史维度书写的中国古代寺院建筑史，分汉魏六朝时期、隋唐北辽时期以及宋元以降的伽蓝建筑，兼及西藏地区的伽蓝建筑。

从总体上看，中国古代伽蓝建筑的魅力在于其不断变化的结构及其变化当中孕育的中国化主题。中国古代原初的伽蓝只是佛塔——用来礼拜，通过培养仪式感、强调崇拜感来建构佛教信仰的初始化过程。塔指向死亡，礼塔需绕塔三匝，这对于当时的信徒来说，无疑具有自下而上、自物的层面向神的层面升华和涌动的天竺风格、西域色彩。即便如此，塔也被中国化了，一旦超越了“覆钵”这一单一的形制而抬升其高度，塔的层级和角数常合于阴阳奇偶：单层、三层、五层、七层、九层等，逐单数层而拔高；四角、六角、八角、十二角等，逐双数角而放大。紧接着，佛塔的重要性、唯一性被佛殿消磨、抹平。在内涵上，佛殿不同于佛塔，它是为朝拜的众生准备的，留给活人的——而非死者，留给大众的——而非独自的个人冥想者；在形态上，佛殿不同于窟、龛、阁，没有用料限制，面宽平坦、廓大，吸取和借鉴了中国“殿堂”式建筑“前堂后室”“一明二暗”的做法。

此后，中国古代城市格局——“中轴”折半结构，被应用于伽蓝寺院的布排，使得寺院建筑不再是各自为政的建筑体，而成为在逻辑上组团的“群落”“部落”。所谓“中轴”，即御道，是印证着权力话语的文化符码。与此同时，大量起连属作用的廊阁的出现，极为有效地塑造了伽蓝寺院的整体感——此时的伽蓝寺院，俨然已是西天佛国。最终，佛国一步步投合于文人士大夫，拥抱民间，杂糅、统摄了各种尘世间的建筑元素，既照顾到僧伽个人禅修的私密性，同时又尽最大可能地满足地方财团乡绅信徒的礼拜吁请，伽蓝建筑终于迎来了它成熟的“黄金期”。

在佛教美学中，研究佛教建筑之美的重要性，绝不亚于研究佛教文学、佛教音乐、佛教舞蹈、佛教造像等艺术形式。佛教美学的历史源远流长，佛教作为一种特殊的信仰文化，实则有着从信仰走向审美的内在趋势，而审美是离不开建筑的。因此，这两本书的出版，必然会为佛教美学的研究打开一扇新的窗口，展示一片新的境地。

王　耘

目 录

图片目录

第一章
塔之本义

第二章
塔之形义

第三章
塔之造义

第四章
塔之合义

第五章
塔之变义

中国
佛教美学
典藏

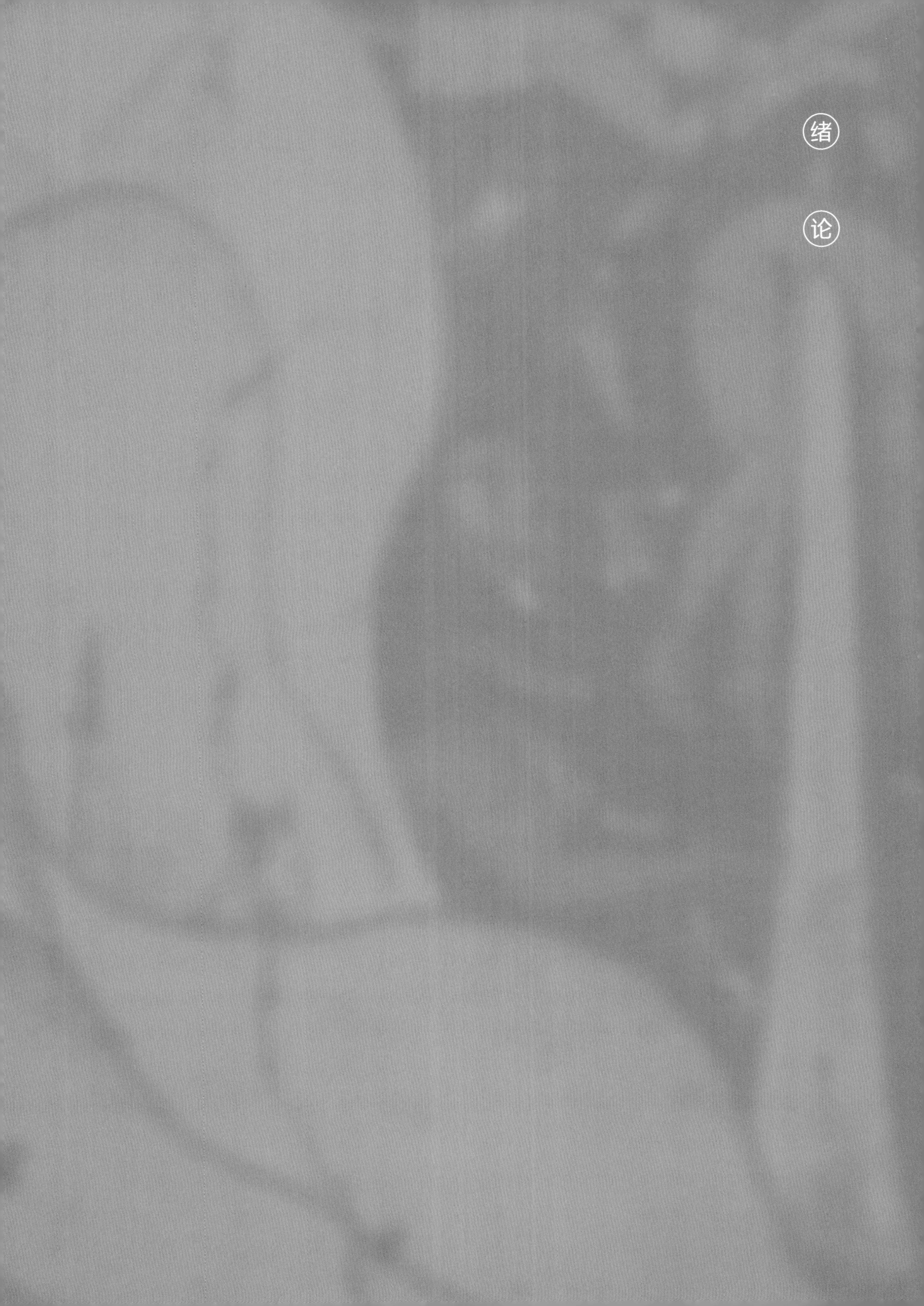

绪论

在古代宗教这一相互对话、广泛传播，从而纷繁复杂的文化世界里，印度佛教传入中国的历史悠久、形式多样、影响深巨，渐变为本土产物；而中国佛塔，则是中国古代建筑文化吸纳、借鉴来自异乡的馈赠，结合自身基础，凝定、塑造、涌现出的新类型。源于印度的佛法及其塔刹，迥异于中国原发的信仰旨趣、建筑制度。佛法既在诱导，又在激励、鞭策、逼迫人们反复思考生命存在的边界和可靠性，憧憬彼岸未来的天国净土；佛塔则更进一步，给予了中国古人以深入思考和勾画憧憬的经验、媒介、场域。写作本书的初心，在于探索一次发现之旅，寻访、求证人们如何营建佛塔，同时洞察、还原佛塔如何照亮生命的价值。营建容易理解，而所谓照亮，带有启蒙含义。西方有西方式的启蒙，中国有中国式的启蒙。在中国式的启蒙运动中，佛塔具有极其重要的价值。这种特殊价值体现在其预设的精神向度上，也反映于建筑体本身的结构、组织和形式。

一方面，在精神向度上，佛塔为中国古代建筑拓展出了比“生”更深刻、比“死”更辽阔，因圆融而跨越了生死的立体空间、整全世界。中国古代建筑总被称作人居的场所，尤其是重生的场所——面对死亡，但死亡不是主调，是插曲。古来有封树、帝陵、棺椁、岩崖、墓穴，但事死如事生，死亦是生；更何况，封树、帝陵、棺椁、岩崖、墓穴，与人的生的世界是有界限的、分隔的。唯有佛塔的引进改变了这一局面，因为佛塔能够以信仰的方式将死亡重新植入生者的活态世间。塔，本教人面对死亡者也——生死，本该被当下同时超越。

以“复活”“往生”“由死还来”归纳中国佛塔的审美“基调”，多为文人士大夫、近现代以来知识分子之于佛塔传播史的抽绎和解读，事实上，佛塔的中国化，更类似于一种自我更新过程，是一种从一元走向多元、从仪式走向生活、从超验走向经验、从崇拜走向审美的过程。

在中国，佛塔依旧可以被用来瘗埋舍利，它并不拒绝和解构死亡，死亡仍是中国佛塔存在的前提。然而，它已褪尽了死亡的狞厉、可怖，被中国古人的生活世界“覆盖”和“湮没”了。它潜藏在古人的福祸心理里，既被用来祈福，亦被用作镇妖；它彰显雅士的雅量和意趣，既是题诗之地，亦是骚客肃穆、颓丧、忧郁之地；它介入文人的小大世界里，隐没在杳无人烟的深山，玉立于苏州园林的一池涵碧中；它遍布街头闾巷，城郭内外无处不见它的身影。它足以满足社会各阶层的欲望和希冀，既焕发了意识形态权力话语所预想照射出的光芒，又成为僧侣、居士、信徒个人冥想的载体，同时还寄托着民间社会善恶因果循环、奖惩业报的超验力量。从某种意义上来说，它揭示、呈现出中国式启蒙的主导命题——中国式的启蒙不是逻辑的启蒙、理性的启蒙，而是生活的启蒙、当下的启蒙。

另一方面，在结构、组织、形式上，佛塔凸显出中国古代建筑多变、灵活，乃至灵动的“本质力量”。较之西方古代建筑，中国古代建筑常给人“平铺直叙”的错觉：以中轴为贯穿线索，前堂后室，一明二暗，皆在平面上展开；以材为祖，多用土木，少及石料，也限制了它的高度。

然而，错觉终究不过是错觉。中国古代建筑同样崇“高”。早在佛塔传入中国以前，汉代阙表、楼阁的高度业已可观。崇高的实质，是崇高感。讨论建筑的崇高，除建筑体外，所在环境也需加以考量：高度不是单纯的以列柱、墙体的比例计算，山体的“加持”，基台阶陛、城墙垛口的预设，奠定了建筑高度的基础值；何况，“层级”“檐角”，与周边建筑的对比，他者的烘托、渲染，必然强化建筑的崇高感。

更为关键的是，佛塔在建筑结构、组织、形式上的特殊意义，不在于其被刻意助长了的“身高”，而在于它对建筑之灵动气质的强调。佛塔的中国化，是一种静水流深，从回忆走向想象、从个人走向众生、从接受死亡走向透悟生命之本真的提升过程。中国佛塔最重要的特点，在于它是可变更的，它是一种正在流动着的“场域”。因为它是流动着的，它可以用奇数的层级和偶数的檐角，构成一个阴阳配比、相生相克的“太极”图形；因为它是幻化的，它可以时大时小，时高时低，时而高耸入云，时而被把玩于掌心；因为它是开放的，它或依托于纯粹自然的山体崖壁，或结合中国固有的崇高建筑形式——亭阁；更因为它是历史的，它经历了各种材质的塑造手段——从石到木、到金、到砖，它遍尝了各种场域的营建模型——连体于石窟、刻凿于墓穴的墙壁。佛塔何以能够后来者居上，屹立于中国古代建筑之林？其形式魅力在于，它是自由的、鲜活的，甚至随机的——它以它的灵动，圆融了生死，昭示着中国古代建筑文化的基底。

几千年来，王朝更迭，沧海桑田，佛教的兴衰波澜壮阔，佛教建筑的命运跌宕起伏。退一万步说，即便不以中国古代建筑这一总括为背景，而单单就佛教建筑这一具体语境而言，佛塔厕身其中，其价值定位，也不是独立的、恒定的，而是错综复杂的、多变的，确切地说，是不断被边缘化了的。佛塔，不过是在佛教建筑群体中风雨飘摇的一叶扁舟，它有过自己的高光时刻，亦有着走向落寞的无奈。幸运的是，今天，人们站在历史的角度上，可以客观的态度还原它的爱与哀愁。

本书立论的基点重在艺术——佛塔固然是信仰的载体，但同时，也应当被视为一种艺术的形式。不求全、求偏，笔者意在对中国佛塔文化做出带有审美倾向的阐释，在广阔的视野、深入的分析中，发现中国佛塔独特的美学价值。

中国
佛教美学
典藏

第一章

塔之本义

本义者，乃原初、本来之义。塔原本是用来干什么的？它的“本职工作”是什么？随着历史的变迁，佛塔有没有淡化、偏离乃至背叛它本应履行的职责，抑或佛塔是如何在适应新环境的同时保留其原始功能的？

从经验层面来看，佛塔的本义是瘗埋，瘗埋肉身、瘗埋舍利，佛塔是印度丧葬文化的组成部分：僧伽中僧侣个体的寂灭不可避免，所以塔的瘗埋功能始终得以保留；不仅如此，僧伽集团以外，与佛教信仰相关的居士、信徒亦可瘗埋塔中。中土亦是如此。从超验层面来看，佛塔的本义是超越，肉身寂灭的同时，法身超越——肉身与法身，实则为个体生命的两种存在形式，并行不悖。一方面，肉身舍离并不是实现涅槃的充分条件，却是一种可能实现涅槃的重要表征。另一方面，法身涅槃更抽象和纯粹，因此，法身塔的流行，在信仰的理性上更合乎逻辑。

第一节

肉身：寂灭与瘗埋

佛塔的本义首先与佛陀及佛教教团内部的神职人员、居士信徒的肉身有关——佛塔首先不是一种抽象的存在，而是一种具体的存在。人的肉身经验是建立佛教教义的基础，亦是营造佛塔的前提，这一基础和前提中的主要内容，是死亡。死亡的核心命题是，生命是有限的——只有有限的生命才会面对死亡。死亡的附加命题是，人各有命，故而人各有其死，死是一种社会文化现象，讨论死亡，不能脱离当时当地之习俗的影响。

一、纪念死亡

佛塔的本义是用来瘗埋佛陀舍利的建筑。佛陀死后，众弟子把佛陀的舍利瘗埋塔中，继而崇拜塔，这一事件的来龙去脉之所以成立，前提是信仰的“历史化”——佛陀是一个人，一个具体的、有血肉的、有生死的、有限的、身处历史当中的现实生命。在佛陀还没有被神化之前，在他还没有成为一个抽象的、绝对的、可以派生出一系列信仰、法度、逻辑、仪轨的理论假设之前，他的生死是具体的、当下的经验，他并不是一个在时间和空间中往复穿梭、无限绵延、不可预料和后知的“他者”。他会死，和众生一样，他的生命是一次性的。佛陀来到这个世界之前，这个世界已经存在了；佛陀离开这个世界之后，这个世界仍然存在着。

佛陀的来去经历，是一段鲜活的人的历史，这段历史没有改变整个世界逝者如斯的进程——佛陀曾目睹众生的生老病死，自己也终究归于寂灭，这充分说明佛陀具有肉身性。佛陀的伟大，不在于其肉身可能实现的超验性，而在于他是以自身来回应现世的，在于他能够借由肉身客观而有限的境遇，成就了化解有限、当下的中道、正道，是为解脱，也即佛法。人固有生老病死，万物固有生老病死，唯有佛陀，勇于直面肉身的生老病死，正是在这个意义上，佛陀不同于耶和华，不同于孔子。正因为佛陀把包括了死亡在内的生命历程当作思考的对象和场域，所以人们才会以如此绵长的记忆来缅怀他、崇拜他乃至神化他。人们所崇拜的，首先是一个人，其次才是一尊神。与之同理，佛塔的存在，也首先是一种接受肉身、接受有限性的存在，其次才是一种放大法身、放大无限性的存在。

塔中有舍利，作为佛陀现实存在的证据，舍利最初被保存在佛塔中，毋庸置疑。据赫尔穆特·吴黎熙称，“早在 1898 年，在比波拉瓦附近离佛陀荼毗不远处的一座窣堵波被挖掘，自塔尖下 3 米处有一个小舍利盒和供品，5.5 米处是一个盛有五件器皿的石函，其中有一件是雕刻得非常精美的圆形舍利坛，上面有高高的盖子，其上刻有如下的铭文——是用当时佛陀说法时所使用的摩揭陀语，后来发展为巴利文：‘这一舍利坛及里面所盛释尊佛陀之舍利，出自释迦部落，此乃苏吉蒂及其兄弟姐妹、儿子、妻子们的捐赠。’这一题刻被看做是迄今所发现的印度最为古老的文字”①。事实上，1958年在毗舍离附近的窣堵波也发现了盛有舍利的碗形容器——类似的窣堵波比比皆是。后世窣堵波或盛放舍利，或不盛放舍利而仅带有纪念性质，其缘起无不围绕佛陀的存在与寂灭主题展开。

柏林亚洲艺术博物馆（原柏林印度艺术博物馆）所藏的《八分舍利》（MIK I 49）为 3 世纪犍陀罗地区的片岩作品（图 1-1）。佛陀涅槃后，各方对分配舍利的方案有所争议，如拘尸那城的末罗国就坚称不惜战争也要夺取，舍利分配成为当时迫切需要解决的问题。此刻，一位名叫豆摩的婆罗门极力斡旋，以期用公正、和平的方式来解决争端，《八分舍利》表现了这一场景。在这件作品中，除了立于正中正在分配的婆罗门豆摩外，尚有八个人形，以四人一组的方式分列在豆摩两边敬礼舍利，面部皆未得保全，代表前来认领舍利的八方势力。摆放舍利的桌子是与椅匹配的高足类家具，桌脚上悬挂的帐幔尤为醒目。桌子的正前方恰恰安放着一座“塔式罐”，这座塔不同于一旁的科林斯柱，它不属于建筑的一部分，不属于固定的建筑配件，乃用来盛装舍利的特制器皿。

在中国古代现实的人生经验里，人对待逝者死后墓冢的日常态度究竟是怎

① ［德］赫尔穆特·吴黎熙：《佛像解说》，李雪涛译，社会科学文献出版社，2003 年，第 23 页。

图 1–1　柏林亚洲艺术博物馆所藏《八分舍利》

[德] 赫尔穆特·吴黎熙:《佛像解说》，李雪涛译，社会科学文献出版社，2003 年，第 130 页

样的？答案是不热烈的、冷漠的。管英《艺圃记》中有一句看似不经意的话，说明了这一道理。其曰：“今人崇尚居处，宫室壮丽，画栋珠帘，雕甍绣阁，所在多有，又或据一丘一壑之胜，点缀泉石，吟花嘘月，甚至裙屐杂沓于其间。至于墓门拱木，衰草凄迷，白杨萧瑟，曾不过而问焉！”[①] 建筑在逻辑上固然可以是权力的表达、欲望的表达、心性的表达和哀悼的表达，但人们面对建筑之思，显然更倾向于热爱“生”的表达——崇尚生意盎然、充满生机的表达。即便怀古，所怀者亦古之生，非古之死。

人死后，究竟埋葬在哪里？并无绝对的定数。顾春福《隐梅庵记》首句便曰：“道人性爱梅，弱岁即喜寻春于水边篱落，流连忘返。窃愿囊有余资，买山遍树梅，结茅屋其中，恣意游赏，死即瘗于花下。”[②] “死即瘗于花下”，依托于自然物，可以吗？当然可以，梅妻鹤子亦可，何况葬在花下。顾春福此句，透现出的实则是文人的隐逸志趣，比顾春福更离奇夸张的比比皆是。顾天叙《晚香林记略》同样是首句，亦曰：“余倦游解绶，筑室邓尉之墓侧，栖迟得间亭

① [清] 管英:《艺圃记》，见王稼句编注《苏州园林历代文钞》，上海三联书店，2008 年，第 192 页。
② [清] 顾春福:《隐梅庵记》，见王稼句编注《苏州园林历代文钞》，上海三联书店，2008 年，第 168 页。

与松楸伍，凡十余年。会有震邻之警，移居光福，彷徨山陬水澨。一日，于藩墙外瓦砾中，见有石挺然，如舟一叶，翳以苍苔，浅深莫测。戏谓友人：'石若可穴，便足埋我。'"[①] 顾天叙真的见了块石头就愿意把自己埋在里面吗？不过是一句"戏言"。即便是真的，也不是什么石头都可以埋。顾天叙看中的石头，要挺然，要如舟，要有古翳，要深浅变换，一言以蔽之，要足以寄托主人遇于"道"、隐于"道"、语于"道"的情怀，能够塑造出一种既偶然又必然，充满了不确定性又心意澄澈的场域。所以，这块石头看似简单，实则太不简单。

塔给了中国古代建筑文化以当场重新思考死亡的余地和"空间"——无论人们对于生命有多么绵延不绝的期待和解释，死亡都将使关于肉身的一切戛然而止。佛陀如此，僧伽如此，众生亦是如此。

一个值得反思的事实是，死亡是生命的"陪伴"，与生俱来。墓葬、塔的瘗埋——这一习俗积淀的历史比佛教的流行更悠久。"正如莱比锡的西藏学学者胡摩尔令人信服地指出的那样，佛教艺术是有其起源的，是在石器时代巨石墓冢文化的石碑营造中形成的。在这一时期，圆形的墓碑出现了，而窣堵波就是由此发展而来的。因此，窣堵波作为建筑物和象征物，表明其起源是相同的——这跟佛陀并没有什么关系。问题是，佛陀是否是作为导师、觉悟者来适应这一种形式，抑或这一形式仿佛是作为思想深刻之僧人的墓碑而罩于他之上呢？"[②] 一方面，死亡不是佛陀"发明"的，也不只是佛陀独有的思考"对象"，死亡是众生必须面对的共同结局，佛法企图"解决"的不是佛陀个人的问题，而是世间普遍的问题。另一方面，巨石墓冢是早于佛陀出现的，佛塔作为一种宗教建筑文化形式，是在巨石墓冢的基础上发展起来的"新事物"。这意味着，从巨石墓冢到佛塔的演替，实现推进的关键在于佛塔是否能够象征佛法独立地思考死亡、趋向涅槃的普世意义，如果没有这重隐喻，那么所谓的佛塔也就失去了存在的合理性。

二、集体表象

塔的文化如同一根楔子，楔入了信徒关于生命之死亡篇目的特殊理解，但

① ［清］顾天叙：《晚香林记略》，见王稼句编注《苏州园林历代文钞》，上海三联书店，2008 年，第 183 页。
② ［德］赫尔穆特·吴黎熙：《佛像解说》，李雪涛译，社会科学文献出版社，2003 年，第 25 页。

同时，塔也被历史化了，塔自身成为中国古代特有的丧葬文化、信仰文化、皮藏文化、审美文化、心灵文化中不可或缺的集体表象和有机组成。

迪尔凯姆曾指出："宗教表达的理想不是个人的某种内在力量的结果，相反，个人是在集体生活中学会理想化的。通过吸收社会所精心构造的理想，人也变得能够心怀理想了。"[①] 如果说印度佛教的理想是"解脱"的话，中国佛教的理想是"处世"。入世也好，出世也罢，人并不离开世界，人在世界之中；与此同时，人学会与他所在的世界相处，在大量的人生经验中与他所在的世界打好交道，以完善他的处世之道，才是中国古人的处世哲学——人生理想。这意味着，个人必须进入集体生活，佛塔必然是一种集体表象。

塔是用来纪念死亡的，这一"用途"在后世塔文化的传播史上并没有太大改变；改变的是在纪念死亡的同时，加入了当时当地的习俗。

从传世文献层面来看，塔的瘗埋功能始终存在。《太平广记》之《异僧十二》有《佛陀萨》篇，引《宣室志》："开成五年夏六月，陀萨召里中民告曰：'我今夕死矣，汝为吾塔瘗其尸。'果端坐而卒。于是里中之人，建塔于岐阳之西冈上，漆其尸而瘗焉。"[②] 塔足以承担盛殓、瘗埋尸骨的作用。另如《报应七金刚经》有《何轸》篇，引《酉阳杂俎》："至岁除日，请僧授八关，沐浴更衣，独处一室，趺坐高声念经，及辨色悄然。儿女排室看之，已卒，顶热灼手。轸以僧礼塔葬。在荆州北部。"[③] 可知素有塔葬瘗埋的传统。

平常百姓实行塔葬是否可能？可能，但为"胡法"。《旧唐书》："及休致后病，令僧剃顶发，及卒，遗命其子依胡法塔葬，不为封树，冀类缁流，物议哂之。"[④] 一个人如果有能力、地位、意愿，当然有必要尊重其生前信仰，葬于塔中，然则视同胡风，非中原文化本愿。另如："性聪慧，上尤怜之，追念无已，不令起坟墓，诏如西域法，议层砖造。""层砖起塔，始于天竺，名曰'浮图'，行之中华，窃恐非礼。"[⑤] "始于天竺""如西域法"，皆含此意，为"地方"法。

据山东济南市长清区县志"寺观"章明嘉靖元年十月《重修真相寺大佛殿记》可知，北宋真相院释迦舍利塔又名"全阳塔"，因苏轼曾施金助缘，故又被称为"东坡宝塔"；另据苏轼所撰塔铭，此塔建成的年代为元丰八年（1085）。这座释迦舍利塔的砖砌仿木结构，与济南历城区柳埠镇神通寺遗址内大龙虎塔

---

① ［法］迪尔凯姆：《迪尔凯姆论宗教》，周秋良译，华夏出版社，1999年，第132页。
② ［宋］李昉等：《太平广记》，中华书局，2020年，第574页。
③ 同上书，第638页。
④ ［五代］刘昫等：《旧唐书》第10册，中华书局，1975年，第3284页。
⑤ 同上书，第4044页。

图 1-2 《涅槃变》(弟子举哀)

上北宋加修的塔顶铺作及长清区灵岩寺北宋淳化五年（994）所建的辟支塔铺作风格相同，留下了北宋时期佛塔地宫形式的宝贵资料。更为重要的是，在当时出土的15件银器中，有罗汉像9件。这9件罗汉像均为立姿，着比丘装束，姿态各不相同，却有着几乎共通的表情——愁容满面，似乎在闭目呜咽。他们的表情充分表现出佛祖涅槃后，弟子们痛不欲生的心态。[①] 所以，可以认为，塔始终保持着在纪念死亡事件上的功用。

哀伤往往是佛塔地宫壁画的“底色”和“基调”。河北定州市净众院塔基地宫西壁上绘制着巨幅《涅槃变》，横向284厘米，纵向172厘米，表现释迦牟尼涅槃时众弟子伏哭的场面（图1-2）。[②] 由这座地宫南壁上的墨书“至道元年四月八日记”可知，壁画是995年在砖墙灰浆表面上以“湿壁画”的白描技法绘制完成的。值得注意的是，这幅壁画还刻画了六名乐师，分两排，前四后二错落肃立，有项光祥云，着铠甲戎装，身材健硕——最高者达107厘米，充分表现出唐风遗韵。佛塔地宫的主题上，掺杂了些许当时的习俗（图1-3）。

少林寺的塔林是少林弟子为瘗埋少林寺历代高僧大德修建的，自唐代至清代，各类砖石墓塔达230余座，式样繁多，造型各异，其意义皆为坟冢。[③] 佛陀与僧伽的共通点之一在于，他们都会往生圆寂。起塔这件事本身，一般由弟子完成。例如《比丘尼传》之《南安寺释慧琼尼传七》曰：“弟子慧朗在都闻之，奔驰奉迎，还葬高座寺前缸，坟上起塔云。”[④] 关于释慧琼，还有一段不可不知的尸身“佳话”。据悉，慧琼曾“敕弟子云：‘吾死后不须埋藏，可借人剥裂身体以饲众生。’至于终尽不忍屠割，乃造句容县举着山中，欲使鸟兽自就啖之，经十余日，俨然如故，颜色不异。令使村人以米散尸边，鸟食远处米

① 参见济南市文化局文物处、长清县博物馆：《山东长清县宋代真相院释迦舍利塔地宫》，《考古》1991年第3期，第219—220页。
② 济南市文化局文物处、长清县博物馆：《山东长清县宋代真相院释迦舍利塔地宫》，《考古》1991年第3期，第221页。
③ 参见《中国美术全集》编委会：《中国美术全集》第51册，人民美术出版社，2014年，第34页。
④［南朝梁］释宝唱：《比丘尼传校注》，王孺童校注，中华书局，2006年，第66页。

左：图 1-3 《涅槃变》(哀乐)

《中国美术全集》编委会：《中国美术全集》第 14 册，人民美术出版社，2014 年，第 28 页

尽，近尸之粒皆存。”[1]慧琼的遗愿类似于天葬、林葬、水葬之仪——命既尽，则将肉身化归天地，施与众生，但却遭遇两度不忍。弟子不忍屠割，鸟兽不忍啖之，维护了尸身完整。换句话说，尸身在价值论上，获得了臻至“永恒”的象征意义，而被中国古代固有的入土为安的丧葬文化所浸染——末句言“坟上起塔”，实则有其特殊语境。

塔中舍利永存塔中吗？答案是并非如此，《梁书》记有：“先是，二年，改造会稽鄮县塔，开旧塔出舍利，遣光宅寺释敬脱等四僧及舍人孙照暂迎还台，高祖礼拜竟，即送还县入新塔下，此县塔亦是刘萨何所得也。”[2]舍利有入则有出，舍利置于塔中，不代表舍利隶属于某一特定塔刹。塔有新旧，舍利在塔与塔之间辗转接续轮回。事实上，塔本身也可以作为礼物被奉送、被转赠、被朝贡。《梁书》曰：“中大通元年五月，累遣使贡牙像及塔，并献沉檀等香数十种。”[3]此处所贡献之塔，与其说是一种宗教文化的载体，不如说是一种地方习俗。

在此基础上，佛塔之为墓冢的含义还催生出了另一种与之相关的葬式——塔式墓葬。1992 年 4 月，烟台市博物馆、牟平县文管所在山东牟平县（今烟台市牟平区）北头村沙岭之下清理出一大批塔式墓葬。这批塔式墓葬中有两座宋代石圹墓；而元明时期的石室墓，现存的有 7 座。M13 为规格最高的一座。[4]这些塔式墓的形制较为类似，或为单层，或为双层须弥座，上盘仰莲，下盘覆莲，中盘变体蔓草。束腰多为八条石，取横长，之间设纵长石，类似于木作角柱，柱石上常刻有力士、人物、花卉和动物，多为减地浅浮雕。隆圆的塔身上又有塔顶，包括六角形笠顶、柱状相轮和葫芦形宝瓶。整体用料为淡黄色砂岩、辉绿岩，塔内以碎石花土填实。[5]塔式墓葬的出现，与佛教信仰有关。以塔为墓，还原了塔之本义。

塔用来瘗埋尸体，最普遍的式样为覆钵。覆钵式塔的流行，与时代有关，

---

① ［南朝梁］释宝唱：《比丘尼传校注》，王孺童校注，中华书局，2006 年，第 66 页。
② ［唐］姚思廉：《梁书》，中华书局，1973 年，第 549 页。
③ 同上书，第 550 页。
④ 参见林仙庭、侯建业：《山东牟平县北头墓群清理与调查》，《考古》1997 年第 3 期，第 53 页。
⑤ 同上书，第 52—53 页。

更与民族有关。段玉明曾指出："覆钵式塔实为印度佛塔造型，元时复从尼泊尔传入，成为中国寺塔中数量较多的一种类型。因喇嘛教建塔常用这种形制，故又称喇嘛塔、藏式塔。覆钵式塔的特征非常明显，塔身部分是一个半圆形的覆钵，其上安置长大的塔刹。覆钵之下建一高大的须弥座承托塔体。半圆形覆钵基本上保存了坟冢的形式。"①覆钵式塔，实为"二次传播"的结果。覆钵式塔不是"一次性"的原始佛教乃至部派佛教的产物，而是伴随着草原文明——蒙古文化、高山文明——西藏文化，乃至半岛文明——女真文化进入中原之际，流行于晚近之中土的。这更加证明了覆钵式塔更多的是一种历史性遗迹，它记录了在时间的长河里，与迁徙、动荡、战争、权力有关的民族记忆。

这其中，"元时复从尼泊尔传入"，是有据可查的。海瑟·噶尔美具体提到："喇嘛教或尼泊尔从元代开始对中原艺术的影响，传统上应归功于尼泊尔皇室后裔、年轻的艺术家阿尼哥。《元史》卷二百三中有他的生平传记。1260年，在八思巴的建议下，蒙古王朝邀请当时年仅十八九岁的阿尼哥率领二十四位艺术家来到蒙古宫廷。阿尼哥在西藏修了一座金塔。当八思巴敦促他谒见蒙古大汗时，他正准备返回尼泊尔。他不仅在忽必烈汗心目中留下了美好的印象，同时以他精湛的技艺和多才多艺的才华震撼了每一个人。矗立于北京妙应寺宏伟巨大的白塔即是他才华的表现。"②阿尼哥之所以能够一举"成名"，正在于他高超的造塔技艺。无论如何，塔的"二次"传播是历史的推动与驱策。

这种当时流行的风尚，与其说与佛教艺术有关，不如说与宫廷趣味有更为深层的"交涉"。"交涉"甚至不只是建构性的，还是解构性的。例如："在居庸关和永乐初期即元朝分崩离析最后一年到明朝头两位皇帝执政的六十年间，标有时间记载的为数不多的喇嘛教风格作品很难解释这一时期的发展，一系列史实暗示出，它们受到了来自外部的影响。整个元朝时期，蒙古宫廷同西藏之间的交往十分频繁，因而加强了艺术及其他领域的相互交流。然而在元朝行将就木之时，掀起了一场席卷全国的反对蒙古的运动，很大程度上是元朝朝廷里大权在握的西藏僧人荒淫无度、飞扬跋扈所致。"③从另一种角度上来讲，当时西藏僧人也促进了高原文明——西藏文化在元文化内部的"生根发芽"。

---

① 段玉明：《中国寺庙文化》，上海人民出版社，1994年，第207页。
② ［法］海瑟·噶尔美：《早期汉藏艺术》，熊文彬译，河北教育出版社，2001年，第34页。
③ 同上书，第113页。

三、庋藏

除了瘗埋舍利，佛塔的原始功能之一，伴随瘗埋舍利之特殊功用的，是普遍意义上的庋藏：佛塔是有“内容”的，即便所谓的“内容”或为实有，或为虚设，但假定“内容”存在，是佛塔“安身立命”的必要前提——从设计的角度上说，塔必须具有庋藏功能。塔在逻辑上不是“实心”的，而是“中空”的。“中空”需不需要“封闭”暂且不提，却终究会被填充。《太平广记》之“杂录三”有《李抱贞》篇，引《尚书故实》中有句话说：“数日，籍所得货财，辇入军资库。别求所谓舍利者数十粒，造塔贮焉。”[1] 此处之“塔”，即为贮藏舍利而造。舍利置于塔中，接受供养的同时，亦是庋藏——“贮藏”。

现实的塔身庋藏，乃藏于“天地”之“宫”中。地宫容易理解；所谓天宫，与地宫相对，常位于塔刹之上。宁夏贺兰县拜寺口东西二塔中（图 1–4），西塔塔刹西壁正中束腰有宽 64 厘米、高 40 厘米的二次封存遗迹，内有空心密封穹室，穹室为圆形，直径和高度均为 2 米，四角攒尖顶，藏有桌椅、佛画、木雕像、铜佛像、纸币、木花瓶、花束、银钱币以及草绳，封门右侧壁面有朱书梵文，七行有余（图 1–5）。[2] 东塔塔刹无类似设置。双塔不对称。高度 2 米的穹室，“内存”尚有桌椅——天宫的空间及其意义比地宫还要廓大、立体。这是不是意味着所有的天宫都比地宫廓大，抑或宁夏地区的地宫庋藏普遍不足？答案绝非如此。同样是位于宁夏贺兰县的拜寺沟，其明代方塔地宫中清理出的出土文物中，仅佛经文书一类就有 36 件，约 12 万字，其中西夏文刻本约 10 万字，写本约 7000 字，汉文刻本约 3000 字，写本约 1 万字，更何况各种佛画、铭文和西夏文木牌（图 1–6）。[3] 可知，佛塔天宫、地宫的庋藏量都有可能极为庞大。

塔作为一种形式，具有庋藏类器皿的构造，不乏先例。河北蔚县九宫口唐墓中就出土过类似的“塔形器”。M1:5 为绿釉陶质塔形器，上下分为 4 节，是可以拆分组装的，分别为器盖、颈部、腹部、基座，高度分别是 8 厘米、58 厘米、44 厘米、18 厘米。同时出土的 M1:4 为绿釉陶质塔形罐，分为罐盖、罐身、基座，高度分别为 15 厘米、35.5 厘米、24 厘米（图 1–7）。[4] 另外，陕西宝鸡

---

① ［宋］李昉等：《太平广记》，中华书局，2020 年，第 3359 页。

② 参见宁夏回族自治区文物管理委员会办公室、贺兰县文化局：《宁夏贺兰县拜寺口双塔勘测维修简报》，《文物》1991 年第 8 期，第 16 页。

③ 宁夏回族自治区文物考古研究所、贺兰县文化局：《宁夏贺兰县拜寺沟方塔废墟清理纪要》，《文物》1994 年第 9 期，第 5 页。

④ 参见蔚县博物馆：《河北蔚县九宫口唐墓》，《考古》1993 年第 8 期，第 709—710 页。

上：图 1–4　宁夏贺兰县拜寺口双塔

宁夏回族自治区文物管理委员会办公室、贺兰县文化局：《宁夏贺兰县拜寺口双塔勘测维修简报》,《文物》1991 年第 8 期，第 14 页

下左：图 1–5　宁夏贺兰县拜寺口西塔刹座中的穹室

宁夏回族自治区文物管理委员会办公室、贺兰县文化局：《宁夏贺兰县拜寺口双塔勘测维修简报》,《文物》1991 年第 8 期，第 16 页

下右：图 1–6　宁夏贺兰县拜寺沟方塔

宁夏回族自治区文物考古研究所、贺兰县文化局：《宁夏贺兰县拜寺沟方塔废墟清理纪要》,《文物》1994 年第 9 期，第 10 页

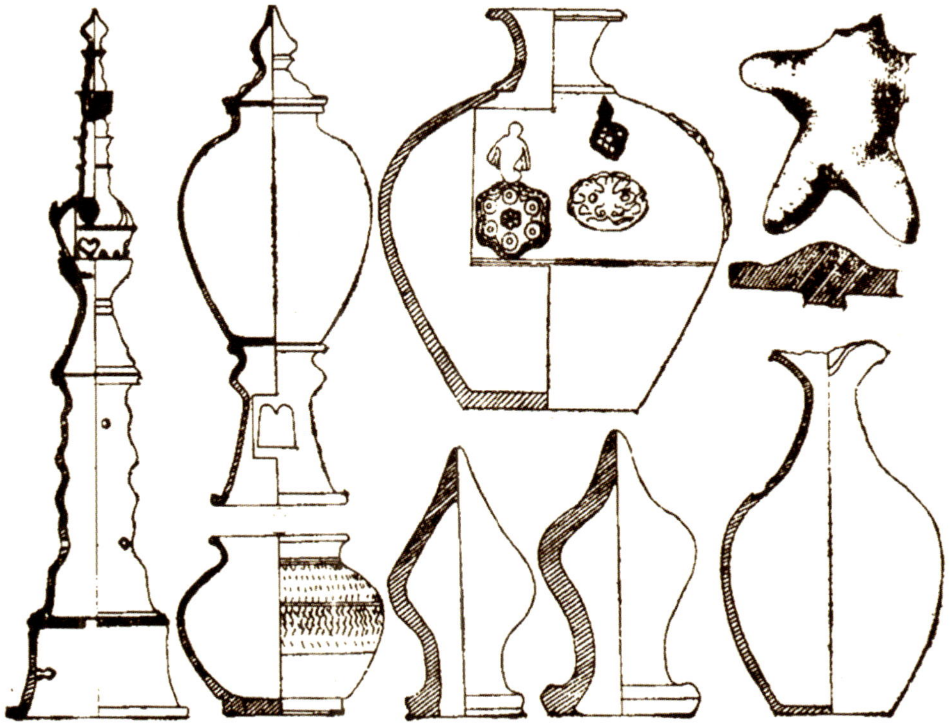

图 1-7 河北蔚县九宫口唐墓出土的塔形器

蔚县博物馆:《河北蔚县九宫口唐墓》,《考古》1993年第8期,第709页

渭滨区谭家社区唐代墓中也出土过类似的塔式罐(图1-8)。[①]类似塔式罐显著的形式特征体现在盖部常与塔刹同形,基座较高,有一定程度的收腰——在唐代,人之于塔,并不只是单纯地视之为崇拜对象,刻意神化塔,而有可能出于实用考虑,把它作为一种现成的经验形式,运用于日常器皿的构造活动中。

如果结合地域色彩,历史地看待,就会发现一个更宽泛的话题,也即佛教造像的世俗化塑造趋势——上举两例均在中原,事实上江南文化在佛教的早期传播史上就形成了这一“习俗”。杨泓指出:“江南地区出土的孙吴至西晋时有关佛教造型艺术的遗物品种与数量虽已不少,但其中还没有真正地为佛教信徒顶礼供养的佛教造像。在大量的谷仓罐和一些青铜镜背的装饰图纹中,佛像出现在神仙或神兽等图像之中,还未脱出作为中国本土的神仙思想和早期道教附庸状态而出现。特别是人们将佛教造像饰于马具中用于鞦带的饰件,以及用作酒樽的附饰,甚至以佛像作为支承香薰的足,或贴饰承痰的唾壶。这些近于亵渎的作法,表明当时吴地民众心中,并没有将佛像尊为礼拜的圣像,而是看重

① 参见宝鸡市考古工作队:《宝鸡市谭家村春秋及唐代墓》,《考古》1991年第5期,第397页。

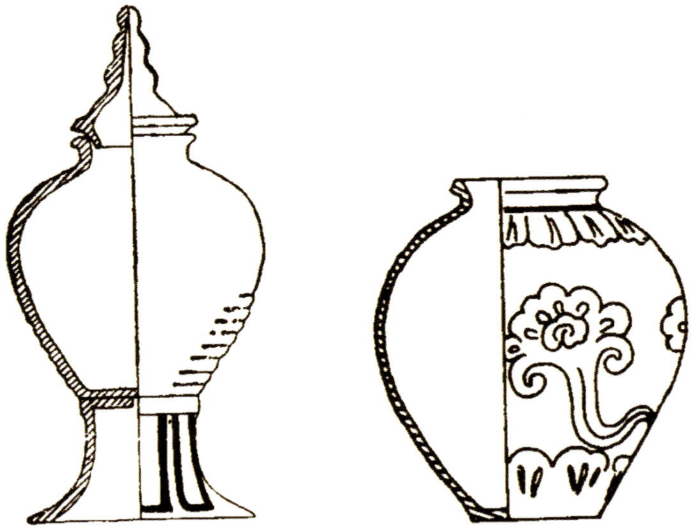

图 1-8　陕西宝鸡谭家村唐代墓中出土的塔式罐

宝鸡市考古工作队：《宝鸡市谭家村春秋及唐代墓》，《考古》1991 年第 5 期，第 397 页

其带有异域风格的装饰造型，这又可视为吴地手工业的工艺特点之一。”[①]这不是杨泓的一家之言或个人偏见，王仲殊早就提到过：“对于吴国统治者和吴地人民来说，佛教是一种新奇的宗教，但影响不大，威信不高。因此，来自外国的佛像与中国传统的东王父、西王母等神仙像一样，被工匠们用作器物上的图纹和装饰，而没有任何‘不敬’之嫌。”[②]

所谓器皿，其最根本的功用乃庋藏，与塔的“职能”恰好相当，所以塔的“市场”“流通”价值有目共睹。这一点与佛像的世俗化，在逻辑上普遍相通，彼此互证。值得强调的是，所谓“塔式罐”在随葬器物中经常出现，绝不仅限于上文所提及的中原、江南，魏晋、唐朝。例如，1972 年在广东东莞元岭村发掘的北宋墓葬里，东室所藏的两件陶罐，亦属于塔式罐（图 1-9）。这两件陶罐的特色在于肩部贴有两周造像：上周为四鸟四兽，鸟立而兽坐；下周为十二个供养人的造像，三人一组站立，手舞足蹈。[③]不过，其基本的形式仍旧是一分为三，合乎塔式罐的形制。

小型金属质地的佛塔在藏传佛教里寻常可见，更易与当地习俗融合。达拉岗布寺位于雅鲁藏布江北岸、西藏山南加查县达拉岗布山南坡，始建于 1121 年，

① 杨泓：《跋鄂州孙吴墓出土陶佛像》，《考古》1996 年第 11 期，第 989 页。
② 王仲殊：《论吴晋时期的佛像夔凤镜——为纪念夏鼐先生考古五十年而作》，《考古》1985 年第 7 期，第 640 页。
③ 参见广东省博物馆、东莞市博物馆：《广东东莞北宋墓清理简报》，《考古》1991 年第 7 期，第 668 页。

图 1-9 广东东莞元岭村北宋墓随葬的陶罐

广东省博物馆、东莞市博物馆：《广东东莞北宋墓清理简报》，《考古》，1991 年第 7 期，第 669 页

由塔布嘎举派祖师塔布拉杰（1079—1153）创建。“塔布拉杰”的意思是指塔布一地的神医。他精通医理，博学多闻，26 岁出家，法名索朗仁钦，尽学噶当派教法——藏传佛教色彩最浓的派别。达拉岗布寺原称“岗布日追”，是一座修行小庙，塔布拉杰在此修行、传法、圆寂。就 2000 年发掘的出土文物来看，佛塔共有 102 件，有铜合金和泥质的“擦擦”两种，前者共 93 件，后者共 9 件。塔布拉杰所传为噶当派教法，所以噶当塔共有 84 件，而尊胜塔只有 2 件。

在这里，噶当塔的形制较为特殊，它由塔刹和塔身构成——塔身和塔座是连在一起的。“塔身从上而下依次为平头、方、塔瓶、塔瓶座。平头下端为折角八面体，上端弧拱；方的形制为在方形四面体每个面中间各有一外凸面，从而构成折角八面体；塔瓶呈钟形；塔瓶座底沿素面，其上有一圈联珠纹凸棱，再上为一圈仰覆莲。”[①] 质言之，噶当塔实则是塔与瓶两者结合的产物。这并不是无意为之，因为事实上尊胜塔也使用了同样的逻辑，只不过形式有所变化，而在覆钵式塔瓶、圆形塔瓶座下，仍有三层圆形塔阶、圆形塔阶座（图 1-10）。无论如何，塔的形式都参与到此类器皿的制造活动中。

① 西藏自治区文物保护研究所、山南地区文物局：《西藏加查县达拉岗布寺曲康萨玛大殿遗址发掘简报》，《考古》2014 年第 8 期，第 789 页。

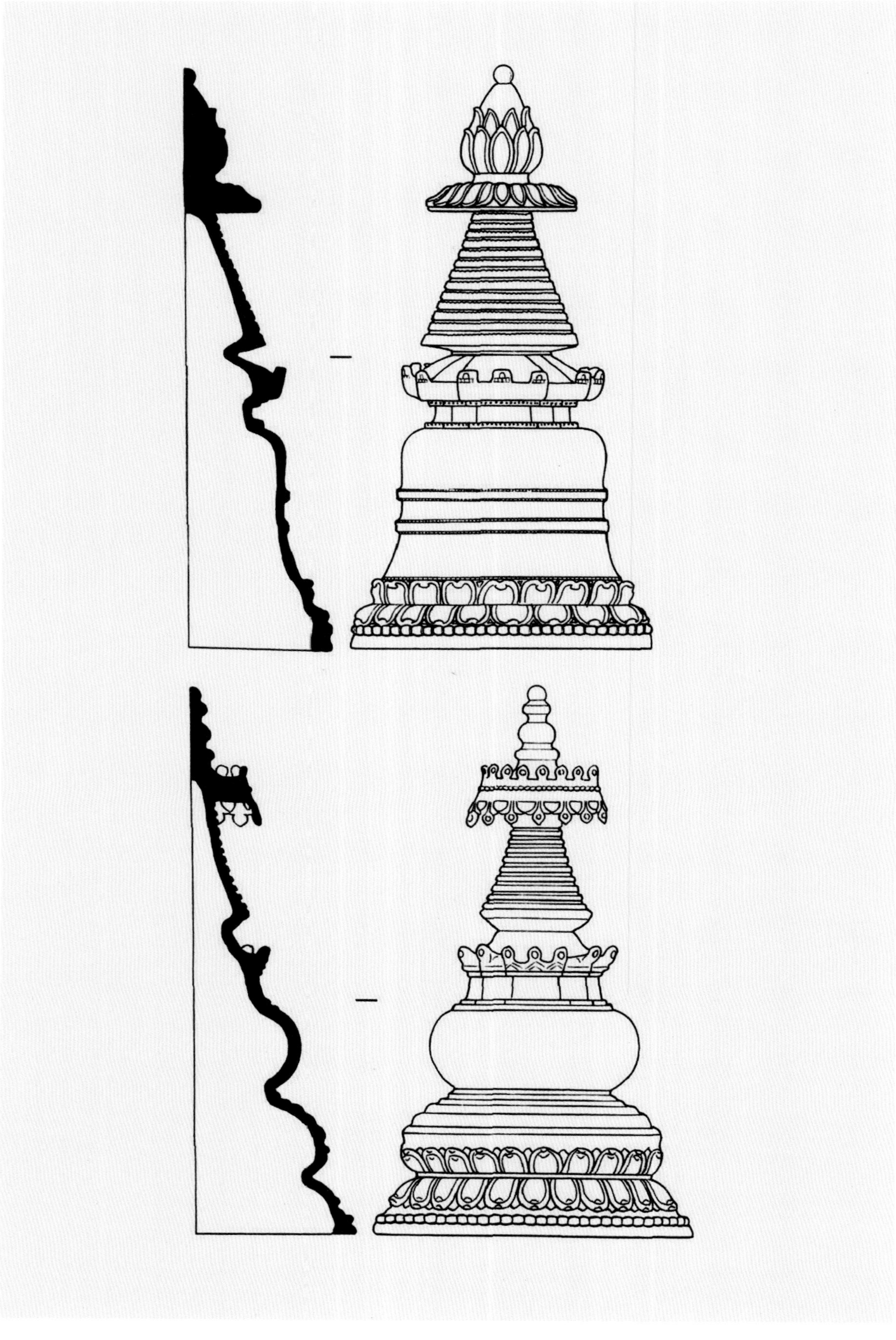

图 1-10　西藏加查县达拉岗布寺曲康萨玛大殿遗址出土的铜合金佛塔

西藏自治区文物保护研究所、山南地区文物局:《西藏加查县达拉岗布寺曲康萨玛大殿遗址发掘简报》,《考古》2014 年第 8 期，第 788 页

第二节

法身：涅槃与超越

在瘗埋肉身的基础上，在信仰的维度上，佛塔的本义还指向更为抽象而宏大的价值和意义。身体是可以本体论化的，尤其是当身体被看作是神迹降临的符号和表达。为了某种超验目的，佛塔往往会成为佛陀生命记忆的载体。在经验的世界里，如斯超验的想象夹杂在现实空间里，构成了艺术特有的空虚幻境。

一、超验想象

在信仰的世界里，佛塔是一种寄寓法身的超越性存在。如果说肉身是一种现实存在的话，法身便是一种超验存在。佛陀的生死不是个人事件，而是几千年来佛教信徒形成信仰的条件。从这一意义上来说，法身必然存在。

法身不是自然产生的。一如迪尔凯姆所言，“集体表象经常把不以任何形式或在任何程度上存在的品性赋予一些事物，从最普遍的物体中，集体表象创造出了一个神圣而极其强大的存在物”[①]。所谓“集体表象”甚至反映出的是一种根植于社会当中的“集体无意识”——集体表象恰恰是集体无意识的产物。重点在于，无论集体表象是不是集体无意识的产物，它都不再是自然物——“一个事物所具有的神圣性并包含在该事物的固有

① ［法］迪尔凯姆：《迪尔凯姆论宗教》，周秋良译，华夏出版社，1999 年，第 130 页。

属性之中，这种神圣性是外加于它的，宗教的世界不是经验自然界的一个特殊方面，而是附加于其上的。”①超验的实质是“放大”和“强化”经验——“经验”并不是经验物，而是人类面对经验物的体验过程及其心理内容。事物、事件之所以有神圣性，之所以为神迹，是人类“附加”在自然物之上的成效。佛塔超验，意味着佛塔绝非自然物，佛塔是人造设的，佛塔的存在意义和特殊功能，就在于它被选择成为佛陀因涅槃而有所超越的象征符号。

在现实世界里，东晋隆安三年（399），法显与其法侣西行，自长安出发，渡沙河，逾葱岭，至天竺，所撰《佛国记》记录了沿途许许多多关于佛塔原始的西域记忆，为此后佛塔的文化传播埋下了伏笔。《佛国记》中有以下几个关键词需注意。一是起立“主体”。是时西域，起码就于阗而言，塔并不隔离于信徒的日常生活。塔并不一律安放于特定的宗教场所，家家户户皆可起塔。“彼国人民星居，家家门前皆起小塔，最小者可高二丈许。”②二是安放位置。在竭叉国，塔置于佛堂前，而不是之后、之侧。“塔后作佛堂，庄严妙好，梁柱、户扇、窗牖，皆以金薄。”③三是塔与塔的结构性关系。以弗楼沙国为例，弗楼沙国素来有塔上起塔，叠架而设的习俗，其基座者，恰恰是中土常见的“稚儿塔”“小儿塔”，成熟的形式形同“傍出”。“于是王即于小儿塔上起塔，高四十余丈，众宝校饰。凡所见经庙，壮丽威严，都无此比。传云：‘阎浮提塔，唯此为上。’王作塔成已，小莕即自傍出大塔南，高三尺许。”④此处，稚儿、小儿，特指天帝释——天帝释为发腻伽王之意，化作牧童。四是起立佛塔的特殊“塔法”。那竭国城中，佛自造塔。“影西百步许，佛在时剃发剪爪，佛自与诸弟子共造塔，高七八丈，以为将来塔法，今犹在。”⑤塔的建造，守“法”恒定，是为“塔法”。事实上，在西域，塔的形象可谓无所不在，佛陀曾经的经行坐卧处，应显、象征处，乃至与佛教相关的各种传说，皆可用作为符号化的塔来表现。

在想象的世界里，塔更放大光明，包括地狱。在西藏札达古格王国遗址曼陀罗殿的西壁壁画《众合地狱图》中，塔就赫然建立在地狱

① ［法］迪尔凯姆：《迪尔凯姆论宗教》，周秋良译，华夏出版社，1999 年，第 132 页。
② ［东晋］释法显：《佛国记》，中华书局，1937 年，第 1 页。
③ 同上书，第 2 页。
④ 同上书，第 4 页。
⑤ 同上书，第 5 页。

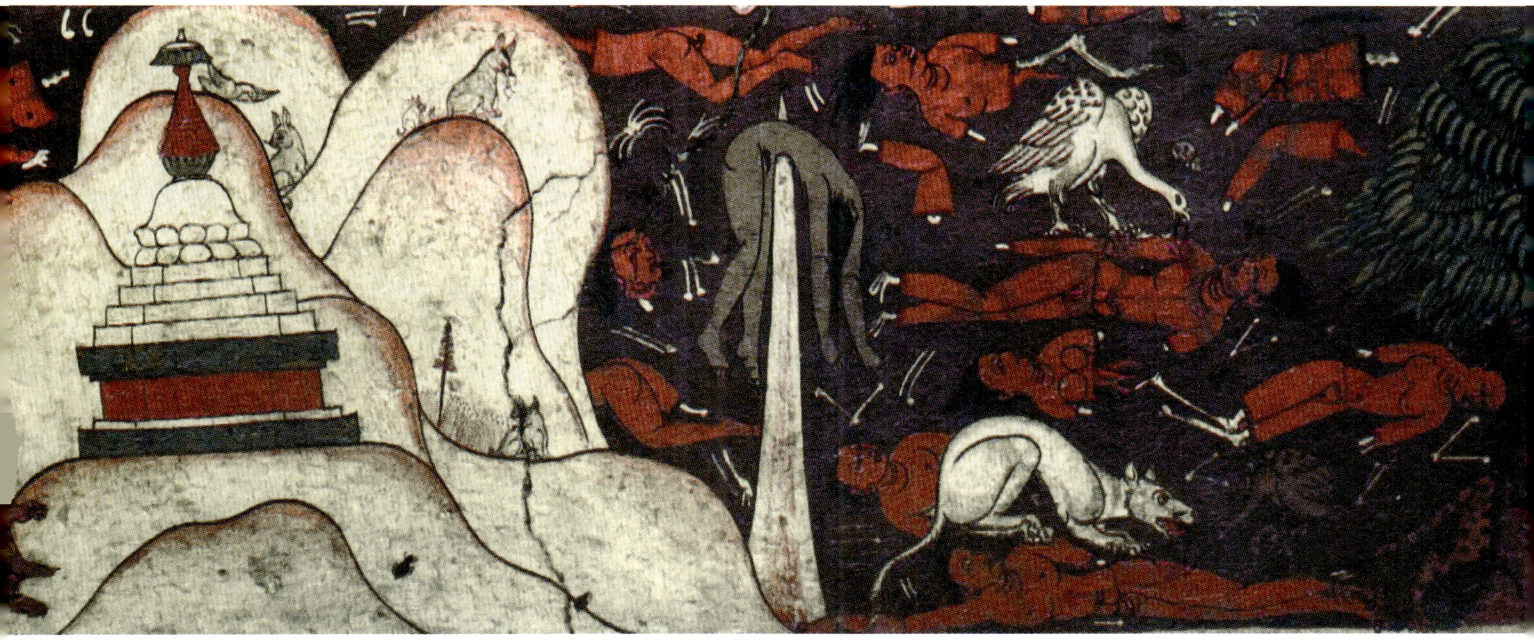

图 1–11 《众合地狱图》（局部）

里（图 1–11）。“地狱”中有塔，“净土”中当然不能少了塔。塔存在于法华变相中，如敦煌莫高窟第 217 窟南壁盛唐时期的《法华经变》图，纵 310 厘米，横 486 厘米，其中就有人们礼拜佛塔的场景（图 1–12）。另莫高窟第 23 窟北壁西侧的《法华经变》中亦可看到人们日常拜塔的行为细节（图 1–13）。

塔中的舍利、庋藏着舍利的塔，俱为神迹。据《高僧传》记载，当康居人康僧会初至建业（南京），营立“茅茨”，设像行道时，吴人初见沙门，对康僧会充满了质疑，“疑为矫异”。“会曰：‘如来迁迹，忽踰千载，遗骨舍利，神曜无方。昔阿育王起塔，乃八万四千。夫塔寺之兴，以表遗化也。’权以为夸诞，乃谓会曰：‘若能得舍利，当为造塔，如其虚妄，国有常刑。’会请期七日，乃谓其属曰：‘法之兴废，在此一举，今不至诚，后将何及。’”[①]

首先，康僧会是以“塔寺之兴”而不是以讲述佛法之道，来面对质疑、彰表遗化的。可知，塔是聚拢人心、“验明正身”最直接有效的“工具”。从某种程度上说，康僧会所使用的方法是在复制阿育王的弘传策略。其次，塔是作为舍

① ［南朝］释慧皎：《高僧传》，汤用彤校注，中华书局，1992 年，第 16 页。

上：图 1-12 《法华经变》(局部)

下：图 1-13 《法华经变》(局部)

利的“附属品”而伴随、衍生的。在逻辑上，先有舍利，后有塔。在日常认知里，塔中藏有舍利，是为塔，塔中未藏有舍利，是为支提，但塔之原始本义不能脱离舍利的预设而设想。最后，康僧会的“法之兴废，在此一举”，充分表明了营建塔的重要性。塔立则法兴，塔废则法弛。在佛教信仰早期，在佛教的原始积累和普及阶段，塔在文化传播的意义上具有决定性价值——“一切”都“在此一举”。结果如何？舍利来了吗？一七不来，三七之后，“忽闻瓶中锵然有声”，法灵降，众嗟服，即令建塔，从而有了“江左大法”之兴。舍利与塔配套，共同塑造出佛教信仰萌发之原初模型。

佛塔之所以能够成为信仰的载体，不仅仅因为它“崇高”，更因为它“明确”。何谓“明确”？有单一指向，有矢量，有实现目标和意义的路径才叫作明确。赫尔穆特·吴黎熙曾指出：“窣堵波乃坟墓，但同时又不仅仅是坟墓，它以前的形态——古冢，也并不只单单是一座坟墓。它象征着空间和时间，乃世间妙高山（meru）之中央及终结。它是圣人遗骨——骨灰——所在地，同样也是令人回忆起生命与死亡，回忆起过去所经历的一切的地方。在其中包含了佛陀所谓生命之苦的教义及其目的——苦之灭除。它是作为涅槃的象征。由此可以说，窣堵波在佛陀所认为的含糊不清并且是无目的的世间，还是有一个比较单一的象征意义的。”[①]

人们或许会倾向于从宇宙论角度来触发佛教信仰，将其视为宇宙整体，尤其是对时间和空间最为显著地“拼贴”“组合”，然而，佛塔不只是一种对现实世界的“摹写”。在佛陀看来，所谓现实世界恰恰是模糊的、多义的、不明确的。佛法不是科学，它是一种信仰。佛法不满足于解释和呈现现实世界的复杂“面相”，它提供出了一种直接且明确的态度、指向和道路，这才是讲求应当和应然的信仰。“正道”确立，才有可能成为众生追随的信仰。因此，佛塔所给予众生的，是一种关于“正道”的象征和想象。

据此可知，佛塔所寓意的，绝不只是“死亡”。起码，“在喜马拉雅地区被尊为圣者的苦行僧和比丘，是以瑜伽的姿势在窣堵波中直坐着而被安葬的，仿佛是一个石头的外壳呈拱形隆起一般，覆盖在圣体之上，窣堵波的形状很像是一位结跏趺坐的比丘雕像。”[②]在喜马拉雅地区流行的喇嘛塔，也即噶当觉顿式佛塔，往往代表着空性可见的外壳——圣者不是死去了，而是进入了涅槃。究其实质，它是一种关于肉身的、关于人的形体的超验想象。

① ［德］赫尔穆特·吴黎熙：《佛像解说》，李雪涛译，社会科学文献出版社，2003年，第27页。
② 同上书，第28页。

图 1–14 柏林亚洲艺术博物馆所藏《弥勒菩萨及其侍从》

［德］赫尔穆特・吴黎熙：《佛像解说》，李雪涛译，社会科学文献出版社，2003 年，第 129 页

二、生命记忆

关于佛陀的生命记忆，是佛塔所表现的超验想象的“母题”。柏林亚洲艺术博物馆所藏的《弥勒菩萨及其侍从》浮雕为犍陀罗时期 3 世纪的片岩作品，长 61.5 厘米，宽 25 厘米（图 1–14）。这件作品显然受到了欧洲剧场文化的影响。弥勒自兜率天于释迦牟尼佛灭度后五千年降世，坐于华盖下、宝座上，手执圣水净瓶。一方面，弥勒的坐姿为交脚坐，所坐的宝座为高足类家具，具有浓郁、典型的欧洲风格；另一方面，弥勒身边不仅有信仰者围绕，而且两旁垂下的帐幕充分地展现出剧场舞台的演出效果。这充分说明，弘法所用的佛教故事，其基本叙事结构是按照剧场、剧情的戏剧关系层层铺设的，佛陀所目睹的生老病死，以及他身前死后的生老病死，在很大程度上，亦如同戏剧的一幕幕场景。佛塔正是在这种戏剧化的冲突中“思考”人生，“纪念”佛陀的。

不过，如斯戏剧化并不是无限的“放大化”和“冲突化”。柏林亚洲艺术博物馆所藏的《敬礼窣堵波》出土于犍陀罗地区，是 2 世纪的片岩作品，展现的是当时信众们聚集在塔旁，进行礼拜活动的场景（图 1–15）。它清楚地表明，除了覆钵式的基体外，第一，佛塔是有基台的，而且这一基台呈四方形，可供攀缘。第二，基台的四角上竖有四根立柱，每根立柱的顶端都装饰有三头狮子

图 1-15 柏林亚洲艺术博物馆所藏《敬礼窣堵波》

［德］赫尔穆特·吴黎熙：《佛像解说》，李雪涛译，社会科学文献出版社，2003 年，第 130 页

的前半身。第三，信众在礼拜过程中，并不登上基台，而环绕在基台四周。第四，仅基台的一侧有阶梯，这说明基台有方向、有前后，有立面和延伸的区别。由此可见，在这一时期的犍陀罗地区，人与塔的关系极为明确：塔高于人，昭示四方，而自成一封闭系统，人与塔之间是有落差、有距离、有界限、有隔膜的。然而，塔与信众之间的关系是现实的、冷静的、客观的，经验依旧是超验的"原型"。

《释氏六帖》之"寺舍塔殿部第四十四"中"八灵大塔"载："有部摄颂律云：一佛生处，塔在劫比罗伐窣睹城毗岚尼园。二成佛处，塔在摩竭陀菩提树下。三转法轮处，塔在波罗尼斯国仙人堕处施鹿林中。四涅槃处，塔在俱尸那城双林树下。五在鹫峰山竹林园内。六在广严城猕猴池侧高阁讲堂。七在室罗伐城誓多林给孤独园。八从忉利天下至平林聚落。"① 由此可知，塔原初所在的地址，贯穿了佛陀传奇的一生，辐射着他成佛以至于传播佛法的经历和过程——塔并不单纯地只是在记载死亡——塔即便不带有纪年意味，也必然带有纪念性质。

塔所纪念的，甚至可以是佛的容颜。《释氏六帖》之"寺舍塔殿部第四十四"中"塔有三十二"载："月氏国王于佛三十二相各造一塔，一一殊妙，出《报应

① ［五代］释义楚：《释氏六帖》第 21 卷，浙江古籍出版社，1990 年，第 446 页。

经》。"[1] 围绕佛的三十二相，各造一塔，无论如何，此塔都与佛教美学相关。

"八塔"是依据佛陀"生前"之时序设定的，指的是在佛生处、成道处、转法轮处、现神通处、从忉利天下处、化度分别僧处、思念寿量处、入涅槃处所建立的塔——记录了佛陀的"一生"。《八塔变》位于莫高窟第76窟东壁北侧，为宋代作品，表现的是佛在毗耶离城思念寿量之塔的场景。塔由花砖砌成，塔刹上挂悬幡，门旁有童子骑羊立于卧象背部的装饰，极具密宗风格（图1–16）。

无论如何，塔中所呈现的绝非仅仅是尸体。榆林四窟北壁的元代壁画《释迦多宝佛》，实则是对《妙法莲华经》中《见宝塔品》的诠释。释迦、多宝头戴宝冠，腰系短裙，相对坐于塔内金刚宝座上，可见其深受密宗影响，而无关死亡（图1–17）。

三、塔中人

塔中不只有佛陀，还有无穷无尽的守护者、殉道者。与"塔外"相对应的便是"塔中"。"塔中"的僧人，往往是先知、裁决者、命运的代言人。《比丘尼传》之《南皮张国寺普照尼传八》记述普照的一段神奇经历："十九年二月中，忽然而绝。两食顷苏，云：向西行，中道有一塔，塔中有一僧，闭眼思惟，惊问何来？答以其事。即问僧曰：'此处去某甲寺几里？'答曰：'五千万里。'"[2]

面对这段听上去匪夷所思，更像是梦境分享的记载，不妨稍作还原。普照俗姓董，名悲，是渤海安陵人。她十七岁出家，住在南皮张国寺，特殊之处在于苦行——她专意于祈诚，不舍昼夜，以至于不能下地，便在枕头上叩头、忏悔、诵经。上文所引对话的七日后，她圆寂了，圆寂时，年仅二十五岁。所以，这样一段对话，叙述的是一位十七岁的少女在苦行了八年后，临终前的濒死体验里脑海中出现的幻象。她所看到的那座塔、塔中的僧人，是她一生所执着追求的意义世界的代表。

提到苦行，提到比丘尼，不如再看一例。即便不考虑塔的高度，塔上亦可是自残、自誓、自杀的场所。《比丘尼传》之《蜀郡永康寺慧耀尼传二十三》载："慧耀，本姓周，西平人也。少出家，常誓烧身，供养三宝。泰始末，言于刺史

---

① ［五代］释义楚：《释氏六帖》第21卷，浙江古籍出版社，1990年，第446页。
② ［南朝梁］释宝唱：《比丘尼传校注》，王孺童校注，中华书局，2006年，第70页。

图 1–16 《八塔变》(局部)

左：图 1-17 《释迦多宝佛》

刘亮，亮初许之。有赵处思妾王氏甓塔，耀请塔上烧身，王氏许诺。正月十五日夜，将诸弟子，赍持油布，往至塔所，装束未讫，刘亮遣信语诸尼云：'若耀尼果烧身者，永康一寺并与重罪。'耀不得已于此便停。"[①]川蜀之僧，素有燃指、烧身习俗，此后，慧耀终究以此殉道，而不再顾虑刺史刘亮的许可。这不是重点，重点是，慧耀请求烧身的地点是在塔上，她希望在塔上完成自己的殉道。最终，她"于寺"烧身，《比丘尼传》并没有点明于"寺"烧身的具体位置。无论如何，慧耀最初的个人意愿是明确的，塔实则是一种带有象征性的牺牲、奉献之所。自杀者众，心中仍抱有希冀的人，总会在高处自尽，例如山上、台上、崖上、树上，而塔上更具有释家意味。

《萨埵太子舍身饲虎》在历朝历代的佛教壁画中经常出现，而尤以莫高窟第254窟南壁中部所绘制的这一幅北魏时期的壁画最典型，它长172厘米，高163厘米，接近于正方形（图 1-18）。这幅图位于供龛之下，与建筑的形式紧密结合，礼拜者叩拜于龛前，正面直面的就是三太子，以及摩诃萨埵的尸体被饥饿的老虎吞噬的场景——在佛教造型艺术如壁画、塑像中，从来不避讳尸体，地狱变里有众生的尸体，四大天王脚下所踩踏的亦有尸体，此外，还可以常见佛陀和他在本生故事里转换角色之后的尸体。类似的吞吐类型的故事甚至与身之异化有关，例如人食虎，则变为虎，虎食人，则变为人，不可尽述。这不是重点，重点是，"起塔"是这个故事的"终结"。

在画面的左上角，一座三层方塔赫然在目，三层塔檐及塔前的台阶都使用了昂贵的青金石为颜料。如果以饥饿的老虎的脊背为分界线，把画面分为上下两部分的话，会发现分界线以下是被欲望驾驭的此岸世界，分界线以上是被思考、悲悯、施舍、牺牲、纪念所串联的用来表现正道的彼岸世界。塔无疑是一盏理想世界里的"灯"，它放出光明来，引领和照耀着整个世界。

不过需要补充说明的是，不同作者在不同历史时期所绘制的"舍身饲虎"图里，塔的形状并不一样。例如在莫高窟第301窟窟顶东披同一题材的北周时

① ［南朝梁］释宝唱：《比丘尼传校注》，王孺童校注，中华书局，2006年，第115页。

图 1-18 《萨埵太子舍身饲虎》

期的画作里，塔便成了覆钵塔。[①] 而至于隋代，莫高窟第 302 窟窟顶人字披西侧的《舍身饲虎》图里，塔依旧是覆钵塔，但形式已有不同——增设了起塔之“起”的过程。[②]

《沙弥守戒自杀品》位于莫高窟第 257 窟南壁中层，属北魏时期，全图长 570 厘米，高 100 厘米，是一幅叙事长卷。少女向沙弥求爱，沙弥坚守戒律而自杀，后被起塔供养，塔在这个故事里，依然是情节的“终点”和“结局”。[③] 如是之塔，最为显著的特征是塔刹两侧的悬幡，这和克孜尔千佛洞第 205 窟券顶东侧壁上菱格因缘故事画中的塔的形式非常类似（图 1-19）。

值得注意的是，沙弥是“坐化”的，塔的左侧描绘的是沙弥被火化的场景，但他并没有像“舍身饲虎”的摩诃萨埵或涅槃变中的佛陀一样平卧在地上——克孜尔千佛洞第 114 窟券顶西侧的勒那阇耶商主本生壁画中，持剑自刎的勒那阇耶商主在图上方的菱格中是躺倒的（图 1-20）——而是一副坚持到底、结跏趺坐的形象。这一形象继续出现在神龛中，而有了神化的项光。由此可知，塔必然是意义的载体，是经历了烈火淬炼终于“成钢”，有所成就的价值想象。

① 参见《中国美术全集》编委会：《中国美术全集》第 15 册，人民美术出版社，2014 年，第 154 页。
② 同上书，第 162 页。
③ 同上书，第 38 页。

图 1-19 《菱格因缘故事画特写》(之四)

图 1-20 《勒那阇耶商主本生特写》

四、空虚幻境

舍利的瘗埋，中国化最突出的表现乃“层层叠叠”。杨泓曾指出：“佛教传入中国以后，改变了印度佛徒原来用罂坛瘗埋的方式，改为用石函、铜函、银椁、金棺的中国式的瘗埋制度的过程，以更符合于中国的习惯。在北魏塔基中，被瘗埋的舍利仅是盛于玻璃钵、瓶等容器内，然后置于刻有铭文的盝顶石函中。而到隋代，耀县（今陕西铜川市耀州区）仁寿四年塔基中，则在盝顶石函中放置盝顶铜盒，用以盛放舍利。到唐代武则天时期，舍利瘗埋制度出现新变革，因此延载元年（694）泾州大云寺塔基除构筑地宫外，内置石函，在石函内又置鎏金铜函，铜函中放银椁、金棺，舍利放于玻璃瓶内再置于金棺里面。这种以多层棺椁盒函瘗埋的制度，在唐代日趋盛行，制造日益华美。”[①]这一趋势，至庆山寺、法门寺达到了登峰造极的高度。

随着塔的层级的不断攀升，包裹舍利的容器亦层层叠叠，金银铜石坚固而华美，玻璃透明又映澈放光，繁复精良的工艺带来的仪式感，使舍利的瘗埋不再是一种面对死亡、涅槃的理性想象，而成为一种复杂的社会事件，由多人参与，体现“集体智慧”的公众“空间”。1987年法门寺塔基下发现的唐咸通十五年（874）封存的地宫文物，置有《大唐咸通启送岐阳真身志文》等两通石碑，石碑上记载唐懿宗、僖宗奉献财物金银器皿121件、玻璃器皿17件、瓷器16件，此外还有珠宝玉石、铁器木艺香料、七百余件丝织品，其所蕴含的绝不再是个人的思考，而是皇家风范和整个社会的风潮。

塔的套叠更是如此。塔上有天宫，宫中有塔，这种层层叠叠的“成套”关系在内蒙古巴林右旗庆州白塔的身上体现得尤为突出。安置于庆州白塔相轮樘内的法舍利塔有109座。据建塔铭文和银板铭文记载，塔内还安置了经咒99本，“象征九万九千佛舍利塔和九万九千佛舍利及九万九千大宝塔，故称‘法舍利塔’”[②]，俨然是一种可以推求至无穷无尽的超验想象和神学塑造。这些从庆州白塔塔刹剖面图，和其所藏法舍利塔及观世音菩萨立像、银板铭文中都可以清楚地看到。[③]

另外，双塔是积累超验意义的重要方式。两两相对之间的耦合关系，可见

---

① 杨泓：《从考古学看唐代中日文化交流》，《考古》1988年第4期，第361页。
② 德新、张汉君、韩仁信：《内蒙古巴林右旗庆州白塔发现辽代佛教文物》，《文物》1994年第12期，第9页。
③ 参见德新、张汉君、韩仁信：《内蒙古巴林右旗庆州白塔发现辽代佛教文物》，《文物》1994年第12期，第9、12、15页。

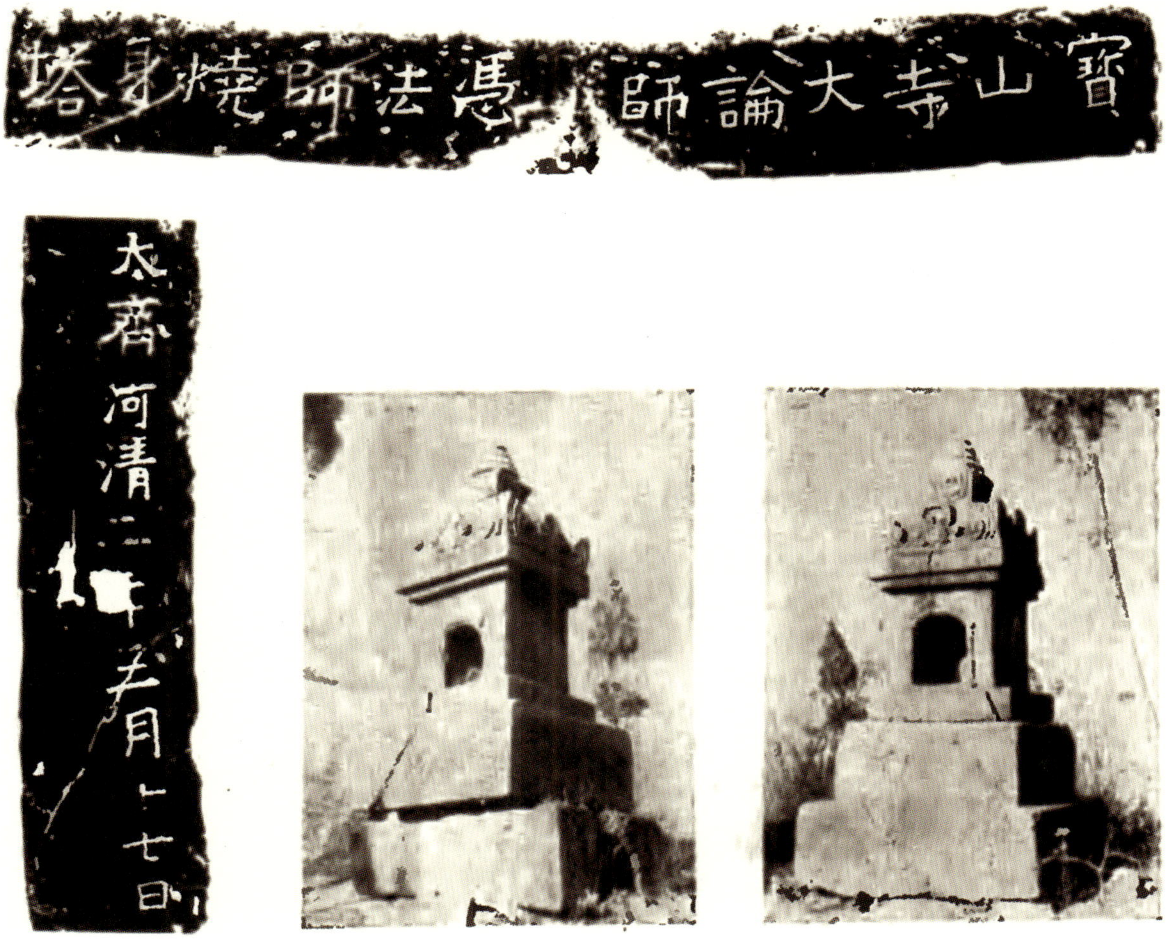

图 1–21　河南安阳宝山寺北齐双石塔

杨宝顺、孙德萱、卫本峰:《河南安阳宝山寺北齐双石塔》,《文物》1984 年第 9 期,第 44 页

骈俪、酬对，乃至上下、阴阳的中国本土“文风”。河南安阳宝山寺由道凭法师创建，寺废，而塔保存完整（图 1–21）。

这两座石塔位于宝山寺旧址西侧台地上，南向，相距 3.2 米，西塔全塔通高 2.22 米，东塔全塔通高 2.14 米。道凭在《续高僧传》卷十一记载，西塔的门楣上镌有“宝山寺大论师道凭法师烧身塔”的题铭，塔门东侧前壁刻有“太齐河清二年三月十七日”的题记。这两座石塔皆为单层石造烧身塔，造型基本相同，平面呈正方形，东、西、北三面实壁，素面无饰，仅南壁开拱门，中部塔身呈束腰收紧。西塔塔心室地表下凿有 0.3 米竖穴放置骨灰，东塔塔心室地表下无骨灰，亦无题铭、题记。道凭为三阶教门徒，李裕群曾经指出：“安阳宝山塔林以北齐河清二年（563）道凭石塔为早，次为隋开皇九年（589）

法澄支提塔。而道凭道子灵裕，再传弟子慧休皆在宝山起塔，含义与三阶教徒附葬信行墓侧相同，况且宝山塔林中还有三阶教墓塔。因此，可以说宝山聚塔成林的作法在很大程度上受到了三阶教葬法的影响。”[①]由骈俪和层叠“磊落”出的世界，究竟是一个净土世界。

在佛塔的地宫中，壁画何为？不只是记录哀伤和悲恸，它还会塑造出一个极乐世界。《伎乐天女》截取于陕西西安临潼区庆山寺上方舍利塔地宫东壁，根据上方舍利塔碑纪年推断，壁画绘制的时间为唐朝开元二十九年（741）左右（图 1–22）。东西两壁所绘制的题材基本相同，为十位伎乐天女，分成三排结跏趺坐，手持不同的乐器正在演奏。这些天女不是凡人，因为她们脑后有圆形的项光；不只是在奏乐，还有舞者在翩翩起舞。作为艺术品，其最突出的成就表现在两个方面：一方面，构图严谨，人物形象的前后交叠穿插有着恰当的比例和遮盖；另一方面，线条流畅，线条无迟滞顿挫感，轻重缓急的节奏显示出画匠娴熟的技艺。极乐世界由此礼成。

然而，塔的建立往往因袭于民居宅第。绝对的“荒野”上无所谓塔。《北史》中即有，“而乃信向佛道，每舍居宅立寺塔，凡历四州，皆有建置”[②]。塔是有所建置的，塔在人类族群中，在现实社会中，与人居的处所经验相伴而生。塔不是一个抽象的、隔绝的绝对存在的理念，即便它有可能代表着一种超越现世生死的想象和思考。

起塔这一行为本身，在某种程度上，是需要审核的。《宋书》曰：“请自今以后，有欲铸铜像者，悉诣台自闻；兴造塔寺精舍，皆先诣在所二千石通辞，郡依事列言本州；须许报，然后就功。”[③]这一意见后被广泛采纳。先上报，经核准，方可求就功，是起塔必须符合的最基本的行政批复程序。无论如何，起塔不是纯粹的个人行为。有谶纬，就有反谶纬。《旧唐书》：“有道之长，无道之短，岂因其穷金玉、修塔庙，方得久长之祚乎！”[④]天道有常，非关人事。即便关于人事，“一旦风尘再扰，霜雹荐臻，沙门不可擐干戈，寺塔不足禳饥馑，臣窃痛之矣！”[⑤]人在世间事中，身体与灵魂在命运的倾轧中始终埋藏着不可调和的矛盾，佛门不可止干戈，寺塔不能去饥馑，灾祸落实于个人之身，灵魂的安慰也就必须“脱袍”“让位”。

---

① 李裕群：《邺城地区石窟与刻经》，《考古学报》1997 年第 4 期，第 471—472 页。
② ［唐］李延寿：《北史》第 5 册，中华书局，1974 年，第 1362 页。
③ ［南朝梁］沈约：《宋书》第 8 册，中华书局，1974 年，第 2386 页。
④ ［后晋］刘昫等：《旧唐书》第 10 册，中华书局，1975 年，第 3157 页。
⑤ 同上书，第 3158 页。

图 1-22 《伎乐天女》(局部)

塔的文化基因图谱里，礼佛只是其中之一，思考死亡的结果，很有可能朝向佛法之外的道德依据。《太平御览》之“地部三十五”有《泉水》篇，据《唐书》曰：“安金藏，京兆长安人，为太常丞。初，玄母寓葬于都南阙口之北，庐于墓侧，躬造石坟石塔，昼夜不息，原上旧无水，忽有涌泉自出。”[①] 这个故事本是用来说明塬上无水而涌泉的神迹，却又牵扯出了孝道这一母题，大地涌泉，正是因为安金藏“庐于墓侧，躬造石坟石塔，昼夜不息”所导致的结果。换句话说，坟、塔，化入了关于母爱，关于家庭社会伦理的叙述语法里。此条亦可见于《太平御览》之“人事部五十二”之《孝感》篇。

宁夏贺兰县宏佛塔残高 28.29 米，形制特殊，是楼阁式塔与覆钵式塔相结合的“产物”——下部为三层八角楼阁，上部为十字折角覆钵。[②] 值得注意的是，一方面，上部覆钵塔的结构完整。残高为 12.56 米，由塔座、塔身、塔刹三部分组成。换句话说，上下并没有共用同一个基座，而是近乎“机械”地拼贴在一起。另一方面，塔心室贯穿了上下。从楼阁式塔身底部至覆钵式塔身中部，塔心室高 23.5 米，整体上呈八角锥形。这意味着，宏佛塔的“表里不一”，内外结构不可通约。[③] 结合这两方面来看，显然，宏佛塔是一种足以能够象征文化传播与过渡的“半成品”——印度之风与中国本土特色混搭，是崇生的色彩与死亡的思考的交汇、错落、叠加，而又无法取代彼此的矛盾组合。

李成所作的《晴峦萧寺图》，回应的是一个宋代美学的“命题”——如何在萧条淡泊中，反映枯木寒林、凄楚愁怨。看透了唐人的青绿富贵，宋人的山水，多多少少，都透露出一丝悲凉气息（图 1-23）。荒山野岭、枯木古寺，常驻留于宋人笔意。在《晴峦萧寺图》里，在被嶙峋遒劲的枯枝遮盖了的古寺主体建筑群里——只见塔刹，塔身的上半部，而不见佛殿，更不见塔基——塔因为它的高度，成为古寺的“标志”。事实上，塔并不是“世界”的巅峰，凌厉的不可一世的制高点。塔后作为“屏幕”的山峦，其高度是塔所在高度的一倍左右，却似乎没有路径，没有人迹，不过是烘托塔的存在的背景。枯木意味着冬天，佛塔蕴含着死亡，它们的叠加不张扬、不凌乱、不愤怒，这才是宋人禅化了的笔意。所以不管塔在寺院里处于什么位置，在画家的心里，在画作里，它都处于理所当然的“中心”。

① ［宋］李昉等：《太平御览》第 1 册，上海古籍出版社，2008 年，第 696 页。
② 参见宁夏回族自治区文物管理委员会办公室、贺兰县文化局：《宁夏贺兰县宏佛塔清理简报》，《文物》1991 年第 8 期，第 2 页。
③ 同上书，第 3 页。

图 1–23 《晴峦萧寺图》(局部)

覆钵式的塔形在髡残的画作中出现过。髡残(1612—?)是清代著名画家,他是一名出家的僧人,髡残是法号,本姓刘,字石谿,一字介丘,晚署石道人,与石涛并称“二石”,与八大山人、弘仁、石涛合称“清初四画僧”,所以在他的画作中出现塔,理所当然。这座塔显然是“区隔”于佛殿、山门的,它在悬崖峭壁之上,似与世隔绝(图 1–24)。

上官周(1665—?)是福建长汀南山官坊人。关于他的山水画,查慎行言其“上官山人今虎头”,拿他与顾恺之作比。这幅《艚篷出峡图轴》(图 1–25)有自题:“吾乡艚篷船前狭后广,延建人呼为鸭母,周栎园《闽茶曲》‘鸭母船间朱殷红是也。’”款署:“丙戌冬日,竹庄老人上官周并题。”丙戌为康熙四十五年(1706),可知这是上官周 41 岁的作品。无论观者以为如何,上官周本人绘制此图的本意,必然是在表现水流的湍急和艚篷的凶险。就是在这样一种极端环境下,塔赫然伫立。无论如何,它都是一种希望和陪伴。

图 1-24 《书画卷》(局部)

虚谷（1824—1896）有“晚清画苑第一家”之誉，籍新安歙县，居广陵扬州。他本是僧人，俗姓朱，字怀仁，僧名虚白。《杂画册》乃虚谷之代表作（图 1-26），共有十二开，绘有《夏山烟雨》《蕙兰茶壶》《王者之香》《蔬笋河豚》《红了樱桃》《竹》《桃实》《满架秋风》《菊有黄华》《蒲塘野趣》《红树青山》《香雪旧庐》等，题材极为宽泛、多元、生动，这其中，便画到了塔。可见，塔实则是虚谷所塑造的理想的生活“场域”中的一部分，塔不脱离于生活。事实上，吴昌硕也画过类似《杂画册》，其中也有塔。[1]

所以，塔俨然是自然的一部分、山水的一部分、艺术的一部分、生活的一部分。塔与中国古人的生活世界是分不开的。这一点并不难理解，按照佛学的解释，生活世界，又何尝不是佛的“法身”——一个空虚幻境。

① 参见《中国美术全集》编委会：《中国美术全集》第 12 册，人民美术出版社，2014 年，第 205 页。

图 1–25 《艢篷出峡图轴》

图 1-26 《杂画册》(之二)

结语

佛塔的本义中蕴含着的两种身体美学命题，肉身与法身，有形与无形，此岸与彼岸，都是佛塔成立最为根本的逻辑前提。无“身”则无“塔”。在历史长河中，无论肉身还是法身，又都是被客观化的社会影像，与当时当地之习俗有密不可分之联系。

中国
佛教美学
典藏

第二章

塔之形义

形义者，乃形式之义。塔长什么样子？长短方圆高矮胖瘦，具体有怎样的形式？更进一步而言，中国佛塔有没有某种特殊的不同于印度佛塔的形式？如果有，中国佛塔之于印度佛塔而言，有哪些显著变化？为什么会出现这些变化？

质料和形式的分类基础来自亚里士多德的“四因说”，及其对如何可能构成某种艺术形式，例如建筑形式的分析。在亚里士多德那里，质料因和形式因是对质料因、动力因、形式因、目的因的简化与整合：形式因包含了后三者；艺术形式可用质料因和形式因来予以诠释。本书沿用并延展了这一话语系统。佛塔的形义，在广义上，包括用料和形式两大分支。佛塔的用料指的是，佛塔是用什么建造的？土木还是砖石？这是第一节想要讨论的问题。佛塔的形式指的是，佛塔的个体形式与组合形式分别是什么？结构如何？底部、中部、顶部是怎样的？佛塔与周边环境，与其他建筑形式是如何发生关联，构成建筑场域的？这是第二节想要讨论的问题。

第一节 用料

随着中国古代建筑历史的发展，塔所采用的材料与时俱进，不断转变。判断使用哪种材料营建佛塔，佛教教义没有统一规定，佛塔的用料，主要是需要考虑当时塑造佛塔的现实条件。中国古代建筑的基本材料为土木，塔的材料在土木的基础上，既丰富又多元。采用这些材料的理由一方面主要是基于工匠方便取材——就近取材，及时取材，以降低成本；另一方面，也与佛教所信仰的特殊的价值取向有关。

需要说明的是，本小节使用“用料”一词，而非“质料”一词，意在强调，塔之“料简”，主要是“用”的问题，非“质”的问题——“料”固有其“质”，而只有介入了具体的使用过程，它才有意义。这并不意味着佛塔的用料不重其“质”，“质”是无法改变也无须改变的；但“料”必为“材”，才能够实现其在建筑活动中的实际价值。

从逻辑上讲，造塔的用料无法确定也不应当被确定。一般塔较为常见者有石制、木制、铁制、砖制、泥制，又不限于此。据《法苑珠林·敬塔篇·故塔部》记载，“佛入涅槃后二百年，有国王字迦尼色迦，出游城东，见四童子垒牛粪为塔，可高三尺，俄然即失矣”[1]。三尺便俄然即失，迦尼色迦不满意，于是继续笼络粪塔，“粪塔渐高，挺出于外，出地四百尺，然后始定。王更广塔基三百余步，从地构木，始得齐等”[2]。可见，一方面，塔的根本形制在于崇高，另一方面，塔的基本用料不确定，毋

① ［唐］释道世：《法苑珠林校注》第38卷，周叔迦、苏晋仁校注，中华书局，2003年，第1222页。

② 同上。

论砖石木构，垒牛粪亦可为之。

这种以粪垒塔造壁的做法不是怪诞的孤例。《水经注·温水·江东旧事》便提及过类似情形：“西区城内，石山顺淮面阳，开东向殿，飞檐鸱尾，青琐丹墀，榱题桷椽，多诸古法。阁殿上柱，高城丈余五，牛屎为埿。墙壁青光回度，曲掖绮牖，紫窗椒房，嫔媵无别。”[①] 可知粪塔所使用的牛粪，是建筑中古已有之的材料。

一、土木

土木是中国古代建筑最常见的用料。五行中，金造价高，极其昂贵，水火无形，便于取材者，莫非土木。

以泥土为塔，最显著的优势在于，无论印、中，一般条件下，几乎可以任意取材——脚下便是。所以塑造泥塔，可以成为僧侣的日常修行活动。据《释氏六帖》之“寺舍塔殿部第四十四”之《塔号胜军》所言：“《西域记》云，胜军论师讲授之外，常以香泥作小塔，高六寸，书经法，呼舍利塔。满一亿，造木塔盛之，记会庆赞，前后满七。三藏亲睹，因他重听因明论矣。”[②] 胜军捏香泥为塔，这本身就是一种修行，其作为修行方式当中的一种，操作简便而可行。六寸泥塔，可置于掌中，还可“书经法”，较之木刻更加容易。这样的泥塔，满“一亿”，方“造木塔盛之”。可见在这里，人与塔之间的关系，借由泥土，更生动、更妥帖，也更具体。在此基础上，泥土之塔的“升级版”，还可以混合其他“身体”组织——例如“须发”。《释氏六帖》之“寺舍塔殿部第四十四”中“布发起塔”便有在泥土中掺入“须发”的讲法。

《释氏六帖》之“寺舍塔殿部第四十四”中“八万四千”载：“《贤愚经》云：育王因中为小儿，戏将土施佛，佛令涂房，告阿难：‘吾灭一百年，为吾造八万四千塔，以吾因中曾为弗沙佛，画八万四千佛，与诸小国王供养，以为因也，所感如是也。’”[③] 别人施舍金银财宝给佛陀，阿育王还是个孩子的时候施舍给佛陀什么？施舍土——稚趣未脱，却意味深长。佛并不气恼，用阿育王施舍的土涂抹房子的墙皮，并告诉阿难，我死后一百年，阿育王会为我造八万四千塔。

这不仅告诉了人们所谓施舍都是有理由的，而且人们得知，泥土恰恰是塔最初

① ［北魏］郦道元：《水经注集成初编》第36卷，中华书局，1991年，第1858—1859页。
② ［五代］释义楚：《释氏六帖》第21卷，浙江古籍出版社，1990年，第447页。
③ 同上书，第448页。

图 2-1 内蒙古巴林右旗庆州白塔正立面示意图

张汉君：《辽庆州释迦佛舍利塔营造历史及其建筑构制》，《文物》1994 年第 12 期，第 67 页

的"用料"原型——阿育王所造的八万四千塔，是用他曾经施舍给佛的泥土塑造的，不是用金银财宝珍珠玛瑙塑造的。这就是为什么后世人们总会提起"聚沙成塔"，聚集沙土为塔，似乎是一种游戏，却也更是一种领悟佛法的方法——白居易《感悟妄缘题如上人壁》中便有"弄沙成佛塔，锵玉谒王宫，彼此皆儿戏，须臾即色空"[①]之句，记录过"聚沙成塔"的童子戏。

就中国古代建筑的工艺特色而言，木塔，最能体现出中国古代工匠起塔的熟练度、精密度和高超的技术水平。木塔至于隋唐，仍十分流行。《法苑珠林·敬塔篇·故塔部》在记述隋益州郭下福感寺塔时提到："隋初有诜律师见此古迹，于上起九级木浮图，今见在焉。"[②]可见木塔之普遍。不仅木塔普遍，木塔的装饰也通常采用木质，如同在益州的晋源塔，"诜律师乃依图刻木，为十二神像，庄饰在于塔下，今犹见在"[③]。以木饰木，木木升华。庆州白塔八边七级，始建的高度为 69.47 米，重层台明高 3.8 米，总高 73.27 米，极其崇高（图 2-1）。如今，这座白塔不仅保留着铸铜鎏金力士造像的脊饰构件，还可见朝凤和套兽。辽代砖塔的塔刹多为铁制，但白塔的塔刹却是铸铜鎏金质地。这座华贵得近乎奢靡的白塔可谓早已脱尽了死亡的暮气，而赫然彰显着信仰的力量和权力的意义。

① ［清］汪西亭：《白香山诗后集》第 8 卷，一隅草堂藏本，第 18 页。
② ［唐］释道世：《法苑珠林校注》第 38 卷，周叔迦、苏晋仁校注，中华书局，2003 年，第 1216 页。
③ 同上书，第 1217 页。

二、砖石

塔之用料、材质的演替史，显而易见，是对木结构的“扬弃”史。为什么？“贵”，更重要的是，难以传世。白化文指出：“现存最古的塔是公元520年建造的河南嵩山嵩岳寺十二角十五层密檐式砖塔。塔身有用莲瓣作柱头和柱基的八角柱，有用狮子作主题的佛龛，有火焰形的卷纹，造型优美。在这一时期，木塔逐渐减少，砖塔增多。这可能是考虑到防火的问题，同时，木结构工程建筑要求较高，造价也大。十世纪以后，新建木塔就少见了。”①中国现存的唯一一座古木塔是山西应县佛宫寺释迦塔，建于1056年，高67.31米，共九层，其中四层是暗层，外观五层。除此之外，现今留存的古塔，多为砖制。

中国古代建筑之于“木作”的痴迷，可谓达到了无以复加的地步。所以后世之塔虽由砖造，却有两方面予以保留。一方面，采用砖雕木作。用料为砖石，但形式和样态却仿木而作——把砖装饰得跟木作一样，层层叠叠，画栋雕梁。其他艺术门类中所谓的“通感”，建筑中同样存在，只不过不是“感”通，而是“料”通罢了。另一方面，砖塔的内部大多会有木门窗、木梁柱、木斗拱、木楼板、木楼梯作为配件，而室内的家具陈设、供龛佛像，也多为木作。虽然“纯粹”的木塔，既不防火，又不防虫，且造价不菲，难以为继，退出了历史舞台，但木料却以“变身”和“化身”的形式，继续保留在了塔的“机体”里。

事实上，从稳定性、可靠性、持久性上讲，佛塔的用料当为石质。据《魏书·释老志》记载：“皇兴中，又构三级石佛图。榱栋楣楹，上下重结，大小皆石，高十丈。镇固巧密，为京华壮观。”②这里明确提到了浮屠所使用的材料，大小皆为石质。

砖塔同样会使用石材。砖与石之间的关系是密不可分的。道宣《集神州三宝感通录》：“齐州临邑县东有砖塔，云是志公所营，四面石兽，石兽迅杀可畏。”③砖所砌出的是塔的主体表面，石料的“点缀”与“升华”，却指明了塔的“精神主题”，是为“点睛”。

反观之，对造塔者而言，砖石二者之间有没有区别？据《释氏六帖》之“寺舍塔殿部第四十四”有“造塔贮经”云：“永徽三年，法师欲于寺端门外之

① 白化文：《汉化佛教与佛寺》，北京出版社，2009年，第231页。
② ［北齐］魏收：《魏书》，中华书局，1974年，第2019页。
③ ［唐］释道宣：《集神州三宝感通录（上）》，见《大正藏》第52卷，河北省佛教协会，2005年，第409页上。

阳造塔，安西来经像，其意恐三灾所坏，高三十丈，用石。奏帝，帝恐石难，用砖易，敕大内东宫掖庭等七宫所有亡者衣服助法师修塔得成就。”[①]这便提供了一条重要信息，也即就造塔的用料而言，“石难”，而“砖易”。这一知识不需要工匠提醒，乃自上而下，从帝王将相至普通百姓的“共识”。顺便一提，用来襄助建塔的物资财用，通常与死者有关，例如对“亡者衣服”的利用，但却并不是用衣服来造塔。

三、金属

在价值论上，造塔的用料有没有意义上的差距？就宗教信仰的心理活动而言，区别显然是存在的。《释氏六帖》之“寺舍塔殿部第四十四”有“龙来共造”：“迦叶佛入灭，佛父为王，收佛舍利，欲造其塔。有四龙王化身为人，来曰于王：‘起塔用何物？’王曰：‘土木。’龙曰：‘用宝玉。’王曰：‘何有？’曰：‘四门外有四池，各出诸宝取之。’”[②]这段简短的对话，所讨论的正是起塔所使用的“物”，即材料问题。用土木起塔，与用宝玉起塔，属于不同的价值论意义上的“层级”。更何况，宝玉的“出处”不在别处，而在四门外的四池——龙王的居所——更说明了塔与池实乃“一体”。

据《释氏六帖》之“寺舍塔殿部第四十四”有“塔庙庄严”所言：“《法华经》一云：金银及玻璃，砗磲与玛瑙，玫瑰琉璃珠，清净广严饰，庄校于诸塔，或有起石庙，旃檀及沉水，木櫁并余材，砖瓦泥土等。”[③]可知塔的“材料”层次多元，砖瓦泥土只是较为常见的“品种”，金银珠宝琉璃玛瑙乃至名贵木料，级别更高。

土木砖石外，金属介质的塔时有出现。《宋高僧传》载：“释无畏尝于本院铸铜为塔，手成模范，妙出人天。寺众以销冶至广，庭除深隘，虑风至火盛，灾延宝坊。畏笑曰：‘无苦，自当知也。’鼓铸之日，果大雪蔽空，灵塔出炉，瑞花飘席，众皆称叹焉。”[④]灵异有验与否暂且不论，这起码说明，铜塔的模范是由僧侣制成的，冶炼的过程也在寺院内部进行。

需要补充的是，“铁塔”总会给人留下关于铸铁的想象，然而“铁塔”并不

① ［五代］释义楚：《释氏六帖》第21卷，浙江古籍出版社，1990年，第445页。
② 同上书，第447页。
③ 同上。
④ ［宋］赞宁：《宋高僧传》，中华书局，1987年，第111页。

一定是全由铸铁铸造的。河南开封的祐国寺塔，又称“开封铁塔”，坐落于开封市区东北部的祐国寺，为北宋仁宗皇祐元年（1049）所建（图 2-2）。北宋时期的吴越王钱俶归降后，将原置于杭州罗汉寺的释迦舍利塔送至汴京供奉。于是，宋太宗命喻浩设计，历时八年，建成了高“三百六十尺”的“京师之冠”——八角十三级的“福圣塔”。但这座“福圣塔”于庆历四年（1044）遭雷击焚毁，所以宋仁宗才于五年之后按照“福圣塔”的原样重造了“开封铁塔”。但值得注意的是，“祐国寺塔并非铁铸，而系砖砌，这是因为在建造时吸取了木塔易于失火的教训，改变了建筑材料，采用琉璃砖仿木结构砌筑。建成后的塔外部琉璃砖呈铁褐色，人们便习惯地称其为‘铁塔’了”[①]。著名的“开封铁塔”，实由砖造。

另外，当阳铁塔又名玉泉铁塔，坐落于湖北当阳玉泉寺，据其第二层铭文显示可知，它建于北宋嘉祐六年（1061），十三级，现存的实测高度为 17.9 米，由当时的玉泉乡佛教徒郝言及其姨母“舍铁”七万六千六百斤铸就（图 2-3）。这座铁塔采用的是仿木结构，外围铁壳，塔心中空，内有砖衬。其每层由平座、塔身、腰檐组成，从基座到塔刹共四十四块构件，采用拼范法构成。[②] 从建筑制作的工艺来考虑，无论巨细，“全然”的铁塔并不现实。当然，一些塔中所贮之塔、塔的模型另当别论。

图 2-2　河南开封祐国寺塔

河南省博物馆：《祐国寺塔（“铁塔”）》，《文物》1980 年第 7 期，封底

图 2-3　湖北当阳铁塔

孙淑云：《当阳铁塔铸造工艺的考察》，《文物》1984 年第 6 期，第 86 页

① 河南省博物馆：《祐国寺塔（“铁塔”）》，《文物》1980 年第 7 期，第 79 页。
② 参见孙淑云：《当阳铁塔铸造工艺的考察》，《文物》1984 年第 6 期，第 86—87 页。

第二节 形式

如果说中国古代建筑的“灵魂”是大地上流动的“宇宙”的话，那么，与之相应的宇宙观则主要建立在“天圆地方”的格局和形式上。人居于大地，四方的庭院也便成了宫室和民居的基础图形。以此为背景，佛塔的“植入”既带来了建筑艺术新鲜的表达主题，又在形式上激发了建筑工匠的想象。与此同时，佛塔在形式上被中国化的程度亦有目共睹。因此，佛塔的形式可以从两方面来理解，也即个体形式与组合形式。佛塔的个体形式指的是佛塔的自我结构；佛塔的组合形式指的是佛塔与其他建筑在形式上的组合关系。

一、个体形式

就佛塔的内部形式而言，佛塔的原始形态为圆形建筑，分为塔刹、塔身、塔基三大部分，继而，发展出或圆或方或多边的形式——分出层级，多为奇数，如三层、五层、七层、九层、十一层、十三层，与多边的形式，如四边、六边、八边、十二边，构成奇偶阴阳之配比。

由此可知，佛塔的原始形态受到了中国古代建筑文化的深入影响，其阴阳相参的色彩浓厚。在中国古代建筑文化中，方圆之间，不仅有分寸，还有六角、八角、十二角等，从方到圆，从圆到方的过渡形式，它们是“太极”旋转的“乍停”“暂留”。当然，“大概率事件”只是一种总体上的逻辑总结，起塔没有绝对原则——偶数级的塔是存在的，如四层塔。

在工艺水平上，制造圆形建筑对中国古代建筑工匠来说算不上繁难之事。圆形建筑在中国传统建筑的建造史上历史悠久，天坛、谷囷、囹圄、井窖之外，藏冰室亦是一例。位于汉魏洛阳城宫城内西北部，西距宫城西墙约 65 米，南距由阊阖门到建春门东西大道约 300 米的“羊冢”土台，是一座典型的藏冰室遗址。这座圆形建筑的壁洞共有 8 只，两两相对，构成井字形。壁洞原使用的木梁宽 20 至 28 厘米，高 30 至 36 厘米，插入深度 31 厘米，而底部铺砖的复原柱洞共 40 个（图 2–4）。“在直径 490 厘米这个不大的圆形范围内，竟布置有四十根柱；柱间距，即大梁跨度，一般仅 60–70 厘米，最大也不过 90 厘米；主要支柱埋深达 52–88 厘米，据此判断当时上面的负荷是相当大的。”[①] 加之中部地面上还有浅方坑，内含直径 70 厘米，复原深度约 25 厘米的砖砌小圆池。这座建筑的原型，最有可能是藏冰室。由此可知，中国传统建筑之于圆形建筑的构造固有其先在基础，圆形建筑的结构严密，负荷“重大”，为塔的建造在工艺水平上铺设了深厚的历史基础。

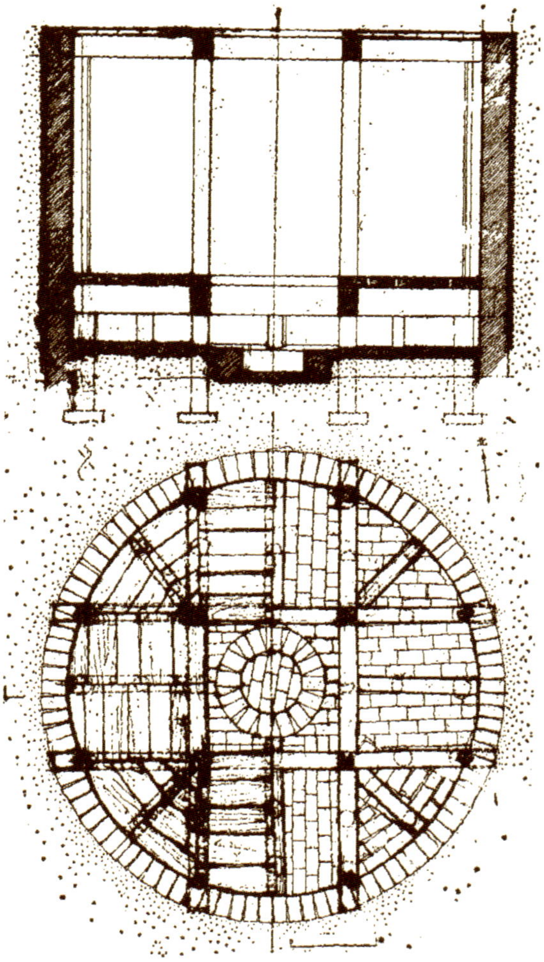

图 2–4　北魏时期藏冰室平面剖面图

冯承泽、杨鸿勋：《洛阳汉魏故城圆形建筑遗址初探》，《考古》1990 年第 3 期，第 271 页

塔刹、塔身、塔基之间，首先，塔刹素来是被当作信仰中的“神迹”来看待的。《颜氏家训 · 归心》曰：“世有祝师及诸幻术，犹能履火蹈刃，种瓜移井，倏忽之间，十变五化。人力所为，尚能如此；何况神通感应，不可思量，千里宝幢，百由旬座，化成净土，踊出妙塔乎？”[②] 这句话起码有三点启示。其一，塔自土中升起，非自天降。其二，塔所出之土乃净土，土不是塔的“对比”，莲花出淤泥而不染，莲花与淤泥是含有矛盾的双方，然而土却是塔的陪衬和铺垫，在实质上是与塔“一体化”的

① 冯承泽、杨鸿勋：《洛阳汉魏故城圆形建筑遗址初探》，《考古》1990 年第 3 期，第 271 页。
② ［北齐］颜之推：《颜氏家训》，上海书店，1986 年，第 30 页。

图 2-5 西藏札达县皮央－东嘎遗址所采集的陶质塔刹镶砖

四川大学历史文化学院考古学系、四川大学中国藏学研究所、西藏自治区文物事业管理局：《西藏札达县皮央－东嘎遗址 1997 年调查与发掘》，《考古学报》2001 年第 3 期，第 418 页

存在。其三，塔、妙塔的出现实乃佛国净土临显传说的“高潮”，塔刹位于佛教神迹世界之巅，是信仰的终极实证。

为了保护塔刹，在西藏札达县皮央－东嘎遗址上，可见陶质的塔刹镶砖（图 2-5）。这种镶砖分为三种类型：素面梯形，有藏文符号，长大概在 20 厘米，主要用于镶嵌塔刹底部；楔形或三角形，有卷草纹或涡纹，有藏文符号，宽大概在 14 厘米，主要用于镶嵌塔刹的中上部；T 形，亦有卷涡纹，高大概在 9 厘米，主要用于镶嵌塔刹的顶部。它们的“质地为夹粗砂红陶，火候亦较高，模制而成，有的在一面刻饰或印饰有纹样。这类陶质构件均是用作佛塔塔尖（即塔刹）的镶包饰件，除有装饰功能外，亦可起到保护塔刹的作用，减少风雨对刹体的侵蚀，是西藏札达地区常见的佛塔装饰砖”①。在塔刹外部再镶嵌一层包砖，是当地的普遍做法。

西藏阿里象泉河流域的卡孜河谷紧邻中印边境，在西藏阿里古格王朝史上具有极其重要的地位。这里曾是仁钦桑布（958—1055）父亲的诞生地，仁钦桑布从克什米尔学成佛法回到古格王朝，为了纪念他的父亲，在此地建造了大量的寺院以及佛塔。这其中，1 号佛塔为吉祥多门塔，通高约 7 米，塔基呈方形，宽约 3.5 米，其上有须弥座式的塔身，分三层，每层均开有三个小门，再上为塔刹（图 2-6）。值得注意的是，“在 1 号佛塔附近地表上散落着大量从佛塔上脱落

① 四川大学历史文化学院考古学系、四川大学中国藏学研究所、西藏自治区文物事业管理局：《西藏札达县皮央－东嘎遗址 1997 年调查与发掘》，《考古学报》2001 年第 3 期，第 417 页。

图 2-6　西藏阿里象泉河流域卡孜河谷卡孜村佛寺佛塔遗迹

四川大学中国藏学研究所：《西藏阿里象泉河流域卡孜河谷佛教遗存的考古调查与研究》，《考古学报》2009 年第 4 期，封底

坠地的塔砖残块，从这些残块上可以观察到原来塔刹部镶嵌的人物形象，他们头上均有冠，头冠中有呈三花状者，有的一手叉腰，一手执条形的兵器；有的双手紧握兵器于胸前。人物腰间均系腰带，身体修长。由此可知这些佛塔在坍毁前表面都曾用专门烧制的绛红色塔砖加以装饰，塔砖上有头戴花冠、手执各种法器的菩萨形象”①。这意味着，塔刹的主体一定是相轮乃至宇宙的象征吗？不一定，起码 1 号塔表明塔刹是可以由人物形象来加以装饰的。

其次，塔身的结构要比其外观看上去的形式复杂得多。塔的内外表象与格局并不是单一的，外部有外部的表象与格局，内部有内部的表象与格局。印度式样的塔可见于中土。《古今图书集成・神异典・塔部汇考・畿辅通志・真觉寺五塔》：“成化九年，诏寺准中印度式建宝座，累石台五丈，藏级于壁，左右蜗旋而上，

① 四川大学中国藏学研究所：《西藏阿里象泉河流域卡孜河谷佛教遗存的考古调查与研究》，《考古学报》2009 年第 4 期，第 566 页。

顶平为台，列塔五，各二丈，塔刻梵像梵字，梵宝梵华，中塔刻两足迹，他迹陷下廓摹耳。”[1]这一形制最为特殊的部分，即“藏级于壁，左右蜗旋而上，顶平为台”——因为有所藏，有所“蜗旋”,“顶平为台”，其级别、层次不甚“清楚”。这便与中土之塔以方隅、层级为显的结构，罩以屋顶的形式有极大的不同。

福建莆田西南凤凰山麓广化寺释迦文佛塔，建于南宋乾道元年（1165）之前，仿木构楼阁式石筑，八角五层空心（图2–7、图2–8）。这座石塔通高30.6米。就外部而言，塔身的高度从第一层到第五层，依次为332厘米、279厘米、281厘米、270厘米、265厘米，基本上可以分为三组，一层为一组，二、三层为一组，四、五层为一组。然而，从内部来看，各层塔室的高度却依次为330厘米、484厘米、482厘米、353厘米、405厘米，层次间没有层序性。事实上，这座石塔的第一层塔心室由东西塔门相向相连的通道与北面上通二层的外廊构成丁字形，“从第二层到第五层的塔心室内壁皆为正八面形。第二层到第四层的塔心室平座皆成正八边形。二、三层塔心室的顶面也成正八边形。第五层塔室成正八边形内回廊式，形成第四藻井式的塔室顶面。第五层内回廊式的塔室中间无平座，北面架于下层叠涩上的条石板上置长方形石案，案上供坐佛”[2]。塔身的内部组织结构比外部轮廓构架复杂得多，而不仅仅是高度比例的问题。

正因为塔身的结构复杂，所以塔的结构往往是需要特殊勾勒的。白塔的案例众多。山西临猗县双塔塔基地宫中出土过两件木塔（图2–9）。自下而上收刹，三级腰檐为六角形飞檐，塔顶有刹座、刹干、刹顶宝珠。这两件塔，“塔身涂以白色，腰檐与塔体套合处及飞檐垂脊分界处，均用朱色勾画线条。塔顶座、干、宝珠分别涂以朱色。”[3]显然，白色为底，朱色所勾画的线条，更多地指明了木塔构造的结构性要素。

在这里，值得一提的是蕉叶。宝箧印经式塔形似宝箧，内藏舍利或印经，多为金属铸造。图中这座阿育王铜塔制作于唐天祐二年（905），铜质地，高18.5厘米，现由日本东京新田氏收藏（图2–10）。五代时期，吴越王钱俶曾仿照阿育王建造八万四千塔的故事，制作了八万四千宝箧印经式塔，以为藏经之用。不过，这种类型的小塔也是唐宋时期用来贮藏舍利的器皿，可多座并置。这种小

① ［清］陈梦雷：《古今图书集成》第449册（《博物汇编·神异典·塔部汇考》第122卷），蒋廷锡校，中华书局，1985年，第57页。
② 吴天鹤：《福建莆田广化寺释迦文佛石塔》，《文物》1997年第8期，第69页。
③ 乔正安：《山西临猗双塔寺北宋塔基地宫清理简报》，《文物》1997年第3期，第50页。

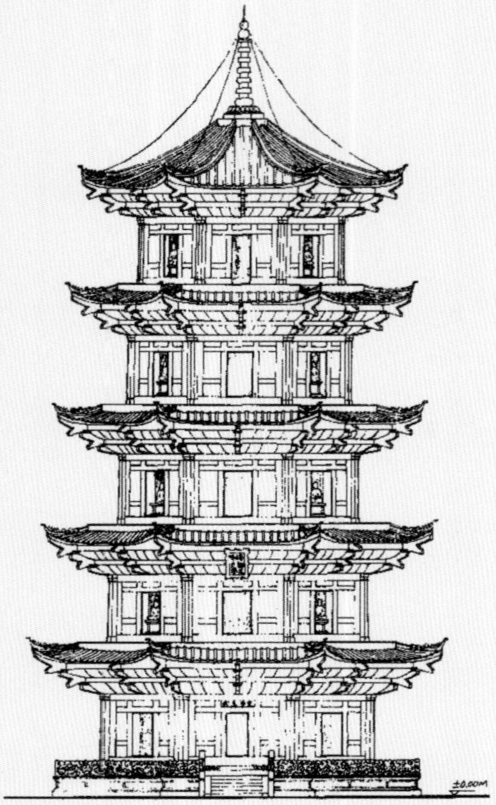

上：图 2–7　福建莆田广化寺释迦文佛塔正立面图

吴天鹤:《福建莆田广化寺释迦文佛石塔》,《文物》1997 年第 8 期，第 67 页

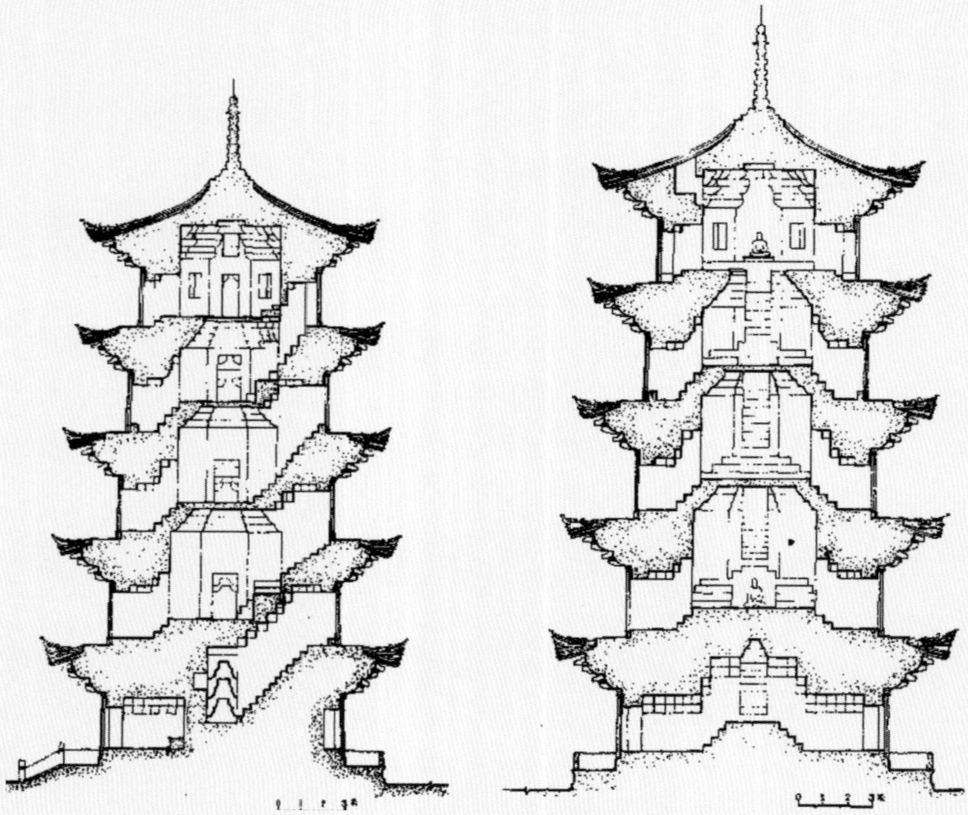

下：图 2–8　福建莆田广化寺释迦文佛塔横竖断面图

吴天鹤:《福建莆田广化寺释迦文佛石塔》,《文物》1997 年第 8 期，第 68 页

左：图 2-9　山西临猗县双塔塔基地宫出土之木塔

乔正安：《山西临猗双塔寺北宋塔基地宫清理简报》，《文物》1997 年第 3 期，第 48 页

右：图 2-10　阿育王铜塔

金申：《中国历代纪年佛像图典》，文物出版社，1994 年，第 388 页

塔是楼阁式塔、亭阁式塔的结合体，亦可为露天石塔。塔基为须弥座，塔身多呈单层方形，四面满刻，塔顶四角有蕉叶插角，塔刹刻相轮。这样一件器皿可作庋藏的金属具，亦可视为建筑、家具的“变体”——最有特色的蕉叶设计，须弥座上的孔洞设计，依旧让人想见其最初防风、防水的考虑。

蕉叶不是宝箧印经式塔独有的形式，建于隋大业七年（611）的神通寺塔位于山东历城柳埠村青龙山麓，单层方形，四面有圆形券门，塔内佛座就有东魏武定二年（544）和唐景龙三年（709）的题记。这座塔的方攒尖塔顶上同样有山花蕉叶（图 2-11）。

至于雷峰塔，它地处杭州西湖南岸南屏山支脉夕照山东侧的平岗上，隔湖北望保俶塔，建于五代十国末，后倒塌。2000 至 2001 年，浙江省文物考古研究所对雷峰塔的遗址进行了发掘，在其地宫中出土的 51 件文物里，不仅有一座纯银质地的宝箧印经式阿育王塔，其四角的山花蕉叶上刻画着佛祖一生所经历的故事，塔刹上有五重向上渐收的相轮，顶部有火焰珠、宝葫芦，塔刹的底部装饰着 12 朵覆莲（图 2-12）；而且同时发现了吴越

图 2-11　山东历城神通寺四门塔

《中国美术全集》编委会：《中国美术全集》第 51 册，人民美术出版社，2014 年，第 15 页

国王钱俶所作的《华严经跋》以及南宋乾道至庆元年间重修雷峰塔的《庆元修创记》等珍贵的碑刻。[1] 所以，所谓"宝箧印经式塔"是有实际意义的。

另外，"塔栿"者，在许多缘起故事中反复出现过。例如，《盗贼人》中有一个片段，说有这么一个盗贼，来偷国王的财宝，国王说，不如你来守护库藏吧。"偷人闻已，必怀欢喜，王可徐问：'我前所著摩尼宝珠系塔栿者，卿为知不？'"[2] 此处便提到了"塔栿"——"塔栿"之上，通常不是空置的，而有所悬挂、拴系，比如"摩尼宝珠"。

① 参见浙江省文物考古研究所：《杭州雷峰塔地宫的清理》，《考古》2002 年第 7 期，第 595 页。
② 陈允吉、胡中行：《佛经文学粹编》，上海古籍出版社，1999 年，第 208 页。

图 2–12　浙江杭州雷峰塔地宫中出土的纯银阿育王塔

浙江省文物考古研究所：《杭州雷峰塔地宫的清理》，《考古》2002 年第 7 期，封底

最终，后世衍生出须弥座的塔基，亦可以是多层的。层次不仅属于塔身、塔刹，甚至塔基事实上也都可以有层次。例如，山东历城柳埠村白虎山下，平面为方形的龙虎塔，这座塔的须弥座即有三层（图 2–13）。

如金字塔一般堆砌的佛塔，或可视为塔之“基台”的“放大”和强化。苏黎世乌尔里希·冯·施罗德所藏的尼泊尔式唐卡上有“供养人”所写的献词，落款为“尼泊尔萨姆瓦特 942 年”，也即 1822 年。在尼泊尔，尤其是尼瓦尔部落，一个人的年寿至于 77 岁 7 个月零 7 天时，会举行盛大的庆典以完成“怖车”礼仪。77 岁 7 个月零 7 天，是一个人进入年迈时期，或为老年人的“分水岭”，可免除宗教义务，而制作这件袍巴——尼泊尔式唐卡（图 2–14）。这件唐卡的中央即由窣堵波和众佛组成。在“金字塔”之前，主尊为多臂白色佛母嗢瑟尼沙毗阇耶，在“金字塔”之上，耸立着白色的尼泊尔式佛塔——“眼塔”。塔中有阿弥陀佛，两旁是白色的和红色的两尊莲花手菩萨，再两边，则是金刚护法神。周边参加庆典的人群服装多具有尼泊尔特色——男性着白，女性着多彩。在这里，佛像如“金字塔”一般堆砌，无疑是“眼塔”的基台在建筑意义上的扩大版，而由众佛组成，与位于前部的白色佛母交相辉映。

事实上，塔下封塔的案例普遍存在。塔不只是高耸入云的单一形象，在某种特殊的语境下，塔甚至被埋在了地下。“报国讲寺在景德寺西，旧在昆山县治西，名九品观堂。相传其地本屠沽所聚，寺僧师谅一夕梦神人告曰，此地当作道场，凿地为

上：图 2–13　山东历城龙虎塔

《中国美术全集》编委会：《中国美术全集》第 51 册，人民美术出版社，2014 年，第 27 页

右：图 2–14　苏黎世乌尔里希·冯·施罗德所藏尼泊尔式唐卡——袍巴

［德］赫尔穆特·吴黎熙：《佛像解说》，李雪涛译，社会科学文献出版社，2003 年，第 177 页

沼，当有石塔，现寤而言之，建造果得。”[1]凿出地下石塔，充满了谶纬味道，但塔的形制和安置究竟是灵活多变的，不可“限量”。

浙江宁波天封塔坐落在宁波市内海曙区大沙泥街西，1982年，宁波市文管会对塔的底层，六角形基址中心部位的地宫建筑进行了发掘。该地宫上下分六层，第六层为正方形，竖壁是厚11厘米的石板，壁深112厘米，高106厘米，正中存放有石函，长92厘米，宽83厘米，通高90厘米。在这个石函里，不仅有一小型纯银质宫殿模型，还有一座银塔模型（图2-15）。这座银塔通高28厘米，由塔基和七层塔身组成，塔基为须弥座式，六角形，边缘刻卷草图案。四面塔壁上凿发愿铭文，共60字，指明了造塔纪年为宋绍兴十四年（1144）三月二十一日。[2]所以，塔下封存的地宫世界不只是一种时代的社会的集体信仰的“记忆”，它还为建造地上世界的客观过程提供了历史依据。这些依据包括塔本身。值得一提的是，塔下地宫随葬建筑的微缩模型并非罕见的偶发现象。河北正定天宁寺凌霄塔地宫内，亦出土过一件楼阁式鎏金银片，“为一座面阔三间，单檐歇山顶，上出平座的二层楼阁正视面”。[3]

图2-15 浙江宁波天封塔地宫出土的银塔

林士民：《浙江宁波天封塔地宫发掘报告》，《文物》1991年第6期，第13页

二、组合形式

就塔的组合形式而言，塔与周边建筑元素的联系极为紧密。

例如，塔与塔的关系。一般而言，塔是单列的。据《艺文类聚》卷七十七之“内典下”有《寺碑》篇，《式佛

① ［清］陈梦雷：《古今图书集成》第449册（《博物汇编·神异典·塔部汇考》第122卷），蒋廷锡校，中华书局，1985年，第58页中。

② 参见林士民：《浙江宁波天封塔地宫发掘报告》，《文物》1991年第6期，第7页。

③ 刘友恒、樊子林：《河北正定天宁寺凌霄塔地宫出土文物》，《文物》1991年第6期，第34页。

像铭》曰："影生千叶，花成四柱，塔象单留，龛童双舞。"① 但这并不妨碍出现双塔的实例。双塔不一定同级、等高。《古今图书集成·神异典·塔部汇考·畿辅通志·双塔》："大兴隆寺俗名双塔寺，在西长安街。双砖塔若少长而肩随立者，其长九级，而右其少七级。"②一为九级，一为七级，不同级，不等高，亦不同名，而常含长幼之序。

塔下有井，井中有鳗的讲法寻常可见。"光孝寺后飞来山巅有塔，采绚甚华，塔下有鳗井，乃小石窍，自唐以来神之，谓鳗能时出袄祥，近世不复见矣。"③ "近世不复见"的含义不代表"它"就是错讹的不存在的，而只说明"它"是一种"仙"迹——来无踪去无影。无论如何，塔、井、鳗，在传说的世界里，通常是一种惯用的搭配组合。

塔在建筑的层面上如何得以佑护？答案之一，是池，是池中龙。据《法苑珠林·敬塔篇·故塔部》记载，隋益州郭下法成寺有沙门道卓，是当时的名僧，大业初，他听说雒县的寺塔无人修葺，于是率化四部造木浮屠。"塔为龙护，居在西南角井中，时有相现。侧有三池，莫知深浅，三龙居之，人莫临视。贞观十三年三龙大斗，雷霆震击，水火交飞，久之乃静。塔如本住。人皆拾得龙毛，长三尺许，黄赤可爱。"④依据此说，佑护此塔者无疑是三池，是池中的三龙——它们一般位于西南，不仅会佑护木塔，而且会雷霆出击，打架斗殴，最终一地龙毛，如萌宠般可爱。无论如何，木塔周边的池，在建造之初，都是用来围绕、庇佑、维护木塔的。没有池怎么办？有井。没有龙如何是好？有鱼。"井中鳗鲤鱼，护塔神也。"⑤

据《艺文类聚》卷九十五之"兽部下"之《象》篇，《法显记》曰："迦维罗卫国，从佛生处东行五由旬，有国名蓝莫，此国王得佛一分舍利，还归起塔，塔边有池，池中有龙，常守护此塔。"⑥此条亦见于《太平御览》之"兽部二"之《像》篇。此处明确提出了塔与池的关系。为什么池水，抑或井水，井、池中的龙能够护佑塔刹？这与佛陀的降生神话有关。《水经注·河水》引《法显传》："城东五十里有王园，园有池水，夫人入池洗浴，出北岸二十步，东向举手，扳

① ［唐］欧阳询：《艺文类聚（下）》，汪绍楹校，上海古籍出版社，1982 年，第 1317 页。
② ［清］陈梦雷：《古今图书集成》第 449 册（《博物汇编·神异典·塔部汇考》第 122 卷），蒋廷锡校，中华书局，1985 年，第 57 页。
③ ［清］陈梦雷：《古今图书集成》第 500 册（《博物汇编·神异典·塔部汇考》第 124 卷），蒋廷锡校，中华书局，1985 年，第 9 页。
④ ［唐］释道世：《法苑珠林校注》第 38 卷，周叔迦、苏晋仁校注，中华书局，2003 年，第 1217 页。
⑤ 同上书，第 1226 页。
⑥ ［唐］欧阳询：《艺文类聚（下）》，汪绍楹校，上海古籍出版社，1982 年，第 1643—1644 页。

树生太子，太子堕地，行七步，二龙吐水浴太子，遂成井池。众僧所汲养也。”[①]太子出生之前，其母曾入池沐浴；太子堕地之后，二龙吐水浴太子。换句话说，提供沐浴之便，是井池之于塔刹而言最原初的“本职工作”。井池之水并非用来饮用、灭火、灌溉、旌表、蓄养，而只是发端于气温高，身体易于燥热，因而沐浴流行的热带文化语境。

塔的周边，是很有可能由水环绕的。《释氏六帖》之“魏州临黄”曰：“十九县西北三十里，本名舍利寺，今为尼住，今属朝城，三边有水，惟西开路基，构编石从水底上，舍利真塔在水内，室中如郑州者，三面水中有莲花，人皆怯入。”[②]三边有水，西开路基的格局，显然是被水围护的，寺如此，塔更是如此。一个细节是，“人皆怯入”——水显然有护法的作用。为什么要防止人的“侵入”？《释氏六帖》之“齐州临邑”曰：“东有砖塔，四方志云，造四面石兽。周灭法时人不能毁，至今在焉。又朗公于齐州南山内四门石塔，今亦在焉。”[③]因为“侵入”者有可能成为“毁灭”者，水如同四面石兽，在围护塔的“安全”。

舍利为什么要盛放在盘中？因为盘中可盛水，水中可放舍利。道宣《集神州三宝感通录》：“时外国沙门居寺。乃赍金盘盛水以贮舍利。”[④]所以，舍利是不畏惧水的——即便水可以浸泡、侵蚀、腐化、冲刷对象。事实上，舍利非但不惧怕水，在某种语境中，水还是它证明自身的必要条件。“晋初竺长舒，先有舍利重之，其子为沙门名法颜，每欲还俗，笑曰：‘是沙石耳，何足何贵？’父投之水，五色三匝光高数尺，遂不还俗。”[⑤]舍利与沙石有什么区别？舍利放光。然而，舍利放光不是无条件的，投入水中恰恰是其先决条件——因为它被投入了水中，所以才能够放出“五色三匝光高数尺”。另如“上得一舍利紫金色，椎打不碎，以水行之，光明照发”[⑥]，具有同样逻辑，以水“行”之，几乎可以等同于以水“醒”之——水行则光出。这也就是为什么人们总是企图用“非水”的方式来“考验”舍利。如言“佛之灵，骨金刚不碎劫火不燋。权乃使力者击之，搥砧俱陷舍利不损，光明四射耀晃人目。又以火烧，乃腾光上踊作大莲花。”[⑦]这

① ［北魏］郦道元：《水经注地理疏证》第1卷，张步天疏证，线装书局，2017年，第12页。
② ［五代］释义楚：《释氏六帖》第21卷，浙江古籍出版社，1990年，第444页。
③ 同上。
④ ［唐］释道宣：《集神州三宝感通录（上）》，见《大正藏》第52卷，河北省佛教协会，2005年，第410页。
⑤ 同上书，第410页下。
⑥ 同上书，第411页上。
⑦ 同上书，第410页中。

一点，恰恰与塔的存在方式类同。塔亦不畏惧水，甚至可以引发滔天的洪水，在诸多神迹传说里，以水为武器攻击敌手，同样经受住了火的灼烧与淬炼，金刚不坏，而散发出万丈光芒。例如，“定州恒岳寺立塔，异公来施布，负上忽失之，旧无水忽有水，来前后非一”[①]，“扬州西寺立塔，久旱舍利入境，夜雨大洽”[②]。

除池外，塔还和许多建筑形式发生关联。佛塔、僧房、佛殿，可谓巽伽及安达罗王朝时代最为典型的艺术品。这一时期佛塔的主要形式是坟起的半圆石堆，为卵形，下有基台，上有平台，在塔的周围环绕着一圈石质的栏楯，在栏楯的四方，再饰有四座陀兰那，也即牌楼（图 2–16）。这也就造成了其独有的艺术风格——雕塑。一方面，这些雕塑通常被用于栏楯、牌楼、门楣之上。“属于这一时代的最早的艺术作品，为巴喀尔康德地方巴尔胡特栏楯上的雕刻，印度考古学者推断，其年代可能追溯到公元前 2 世纪中叶，在栏楯东门的一根侧柱上，有一刻文提到了巽伽王朝。”[③]石质的栏楯能够起到围护作用，后世的佛塔亦沿用了这一惯例，但它连同牌楼、门楣以华美的雕塑技艺与佛塔本身的素朴构成的巨大反差，却是巽伽王朝时期的特点（图 2–17）。

另一方面，是雕塑的风格多具有“肉身性”。公元前 1 世纪前期，圆雕女性的人体尤为醒目，她们大多呈现出裸体形态，“丰乳肥臀”，曲线夸张，充满肉欲，焕发着青春的气息，精力弥漫，宣扬身体的活泼诉求，与佛法超越解脱的品格本身格格不入，堪称眷恋人生的世俗技艺（图 2–18）。无论“栏楯化”，还是“肉身性”，此时期的佛塔雕塑，皆反映出当时当地之流行文化的基调，包括来自古希腊的影响。

不过，佛塔的“基础”在中土——佛塔很有可能是在中国古代建筑形式之上的增添和再造，例如亭阁式塔。“亭阁式塔在中国起源也很早，几乎与楼阁式塔同时出现，直接源于中国古代的亭阁建筑。早期亭阁式塔多为全木结构，后方为砖石结构取代。北魏时期的亭阁式塔多取方形，纯系中国古亭加塔刹而成。隋、唐时期，亭阁式塔的形制增多，出现圆形、六角形、方形等式，塔刹加上相轮。宋代而下，由于花塔与覆钵式塔的兴起，亭阁式塔也就逐渐日薄西山。”[④]事实上，亭阁式塔在中国寺塔中较为普遍，因为它结构简易，成本可控，

---

① ［唐］释道宣：《集神州三宝感通录（上）》，见《大正藏》第 52 卷，河北省佛教协会，2005 年，第 412 页上。
② 同上书，第 412 页中。
③ 常任侠：《印度与东南亚美术发展史》，安徽教育出版社，2005 年，第 16 页。
④ 段玉明：《中国寺庙文化》，上海人民出版社，1994 年，第 205 页。

上左：图 2–16　印度桑奇大塔北门

常任侠：《印度与东南亚美术发展史》，安徽教育出版社，2005 年，第 18 页

上右：图 2–17　印度桑奇大塔东门局部

常任侠：《印度与东南亚美术发展史》，安徽教育出版社，2005 年，第 20 页

下：图 2–18　印度桑奇大塔石雕残像

常任侠：《印度与东南亚美术发展史》，安徽教育出版社，2005 年，第 21 页

造价低廉，一般为单层，或可加建一层，为阁，常在塔身内安置佛像或墓主人像，以便供奉祈福。亭阁式塔的溯源显然应当追溯至中国古建中已有的亭阁，而非“他者”——增设塔刹，并没有从根本上改变亭阁的主体结构。从这一意义上讲，亭阁式塔可谓中国古代建筑体系土壤中开枝散叶而“旁逸”的一枝。

另外，塔与街有着不解之缘。塔固然是墓冢的转化，但塔又是现世的，面向人生，迎合人生的。这一点，可谓早期佛寺“基因”的“衍生”效应，乃城关建筑文化的“流脉”所致。佛寺原本就建立在街道两旁，甚至是普通民居的改造，佛塔因此也就与世俗建筑，尤其是街道——公众开放的空间和场域紧密相连。段玉明曾提到：“过街式塔是建于街衢之上的塔形；门式塔与过街式塔类似，把塔的下部修成门洞的形式。前者塔下可通车马行人，后者仅通行人，二者均始于元。现存过街式塔和门式塔较为著名的有北京居庸关过街式塔、西郊法海寺门式塔、颐和园后山香岩宗印之阁四周的门式塔、河北承德普陀宗乘之庙内外的各种门式塔、江苏镇江云台山过街式塔等等。”①

何谓过街式塔？何谓门式塔？它们都是中国古代街道文化乃至城关文化的变体。过街式塔不是沿街塔，而是跨接在街道之上的；门亦然如此，此处的门并不排列在街道一侧，而被安置于街道的横截面上。街道的前身母体是御道，中国古代的都会、城池，结构一般为中轴之格局、对半的结构——街道乃其轴线折痕，如同书脊，城市双向打开，据街延展。这意味着，过街式塔、门式塔的意图明确。所谓的过街式塔、门式塔，必然是基于其传播效果而刻意构造的结果。它们极力驱使自己在公众空间当中，作为一种交流语境的主体而存在。这样一种立意，往往与城关有关，与在出入城市的通道上设立关卡的习俗有关——单体建筑之间的整合趋势，所隐含的权力集中的意味更加浓厚。

塔与都城建筑的结合不只是一种情景想象，而是可以具体落实下来的。白化文曾指出：“元代藏传佛教传入中原以后，喇嘛塔在华北地区开始流行，其中最有代表性的是金刚宝座式塔，它的特点是在很高的下带大城门的塔座上并列五座塔，其中中央一座最大。这些塔都是覆钵式的瓶形塔，其中有代表性的如北京五塔寺塔（1473年建），北京香山碧云寺金刚宝座塔等都是。”②塔基原本只是地宫之上的塔的基础，但唐代以后，塔基就分成了基台和基座两部分，基台

① 段玉明：《中国寺庙文化》，上海人民出版社，1994年，第208—209页。
② 白化文：《汉化佛教与佛寺》，北京出版社，2003年，第235页。

相当于塔基，而它承托的“座子”则极尽奢华之能事，越来越宏伟、华美。在塔座上“做文章”，基于一种建筑与建筑结合的想象，而金刚宝座塔的“母版”，即底座四方、廓大，恰好能够提供与城门结合的空间。无论如何，塔不是孤立的，被边缘化的存在，它可以“加入”到其他建筑的“结构”中去，且“游刃有余”。

结语

塔的形式丰富，变化多端，琳琅满目，但基本形制不脱离于中国古代本土建筑的文化语境，在其“母体”话语框架内部完成。塔的用料与构造，不以理念为中心，以便捷为中心。在便捷的基础上，塔结合中国古代建筑固有的工艺优势——重于木作，同时考虑到与周边环境的密切联系，塑造出带有信仰意义的崇拜场域。

中国
佛教美学
典藏

第三章

塔之造义

造义者，乃造设、创造、造化之义。在现实世界里，塔是用来干什么的？它的“现职工作”是什么？人们为什么会造塔？人们造塔，有什么现实目的？塔又如何可能回应和满足种种来自尘世的欲望、祈求，乃至仇恨、诅咒？

所谓“造义”，不同于“本义”。“本义”是指塔原始的遗留下来的合理性，“造义”是指塔现实的、当下存在的合法性。造设塔的现实目的里，有可能含有某种原始逻辑，但更应看到，那些后来附加的继而成为造设之真实主题的新生意义。以“在场”的特殊视角来看，一方面，塔是灯，是光，是照亮这个世界的火炬，它高高在上，放出光明，引领众生走出晦暗与遮蔽；另一方面，塔是威慑力的神话，它能够庇护这个世界，也能够惩罚这个世界，在信仰的意义上，它就是奖惩的主体。对于这两方面，前者构建的是一组光明与晦暗的对话模型，后者营造的是一种吉凶福祸的功过较量。它们结合在一起，共同架设出塔在佛教信仰中无可替代的、现实的合法性。

第一节 崇高与放光

这个世界需不需要光明？取决于人们对这个世界本性的判断。太极两仪，阴阳五行，八卦运演的世界不需要刻意预设“光明”，因为这个世界本然是一个自足的、自洽的、自明的体系，它所享有的只是“光阴”。只有当人们把这个世界理解为一个苦难的悲剧的无明的世界，它才需要所谓的“光明”来照亮来提撕来引领。所以，塔在高处放“光明”，蕴含着众生之于解脱的渴望。解脱需要认知“真相”，更需要以意志力践履“真相”。与此同时，在具体的语境中，还有那潜藏着的比决绝的意志更丰富的私人情感和意绪。

一、崇高

塔的高度，是塔作为建筑最特殊、最直观的显象和符号。据《艺文类聚》卷七十六之“内典上”之《内典》篇，《梁王台卿和望同泰寺浮图诗》曰：“朝光正晃朗，涌塔标千丈。”[①]《登云居寺塔诗》曰：“重峦千仞塔，危磴九层台。”[②]二诗皆是在塔的高度上起兴，“做文章”。

在《红楼梦》里，大观园落成后，众人入园品题对额。行至茆堂，纸窗木榻，洗尽铅华，有清幽气象。贾政很满意，宝玉却不以为然，于是，展开了一场关于“天然”的论辩。“众人

---

① ［唐］欧阳询：《艺文类聚（下）》，汪绍楹校，上海古籍出版社，1982 年，第 1299 页。

② 同上。

见宝玉牛心，都怪他呆痴不改。今见问‘天然’二字，众人忙道：‘别的都明白，为何连‘天然’不知？天然者，天之自然而有，非人力之所成也。’宝玉道：‘却又来！此处置一田庄，分明见得人力穿凿扭捏而成。远无邻村，近不负郭，背山山无脉，临水水无源；高无隐寺之塔，下无通市之桥，峭然孤出，似非大观。’”[①]宝玉问，什么是“天然”？众人云，天然就是不假人为，自然而然。宝玉便说，那茆堂，此处所置的田庄，为什么？人力穿凿扭捏。在宝玉所罗列的理由里，无“塔”，是一条重要依据。“高无隐寺之塔，下无通市之桥，峭然孤出，似非大观。”在宝玉的观念里，“天然”的建筑、“田庄”“茆堂”，不是“孤”立的，不可“独”出，而必然有烘托、有衬底、有背景，由特殊的场域来孕育。

这一场域，有远近，有背临，有高下，而“高”的象征，即“隐寺之塔”。塔是一种隐约的、模糊的、遥远的、缥缈的存在，但它一定存在，因为它是“高”的“标识”所在。宝玉以为，高有隐寺之塔，恰恰是一种得乎“天然”的先决条件。塔之高，难道可以作为一种“标识”性存在吗？李白《春日归山寄孟浩然》明确提到：“岭树攒飞栱，岩花覆谷泉。塔形标海月，楼势出江烟。”[②]塔所能标识的，恰恰是海上明月。

印度佛寺本身即有“崇高”传统，高度是一种带有彼岸色彩的象征性存在，它不可攀缘，无法登临，只能仰视。例如，《释氏六帖》之“鸡头末寺”中有“如是六王相承，各加营造，以砖垒界墙，合为一寺……印度寺有千万，壮丽崇高，此最其极”[③]的讲法。崇尚高度，与崇尚结构的中国本土建筑风格迥异——高度来自于叠加的力量，结构重在布局、组合。然而，印度佛寺建筑之崇高的风格逐渐植入了中国寺院建筑传统——尤其是当塔以“独体”的身份出现在特定场域中时。无论如何，塔由覆钵式向楼阁式的转换，不能只用中国古人渴望仰观俯察、登高眺远、为天下观的冲动所驱策来解释，亦应注意到，它是一种印度佛寺文化崇高之风几经辗转于中土留下的“遗痕”。

为了增设高度，基台之于塔而言，意义重大。《太平广记》之“妖妄二”有《双圣灯》篇，引《辩疑志》曰：“寺西南渡涧，水缘崖侧，一十八里至峰。谓之灵应台。台上置塔。塔中观世音菩萨铁像。像是六军散将安太清置造。”[④]“台上置塔”是崇高的具体表现。

塔座如同讲台，是便于僧侣开示、开讲设置的“舞台背景”。《太平广记》之“再生五”有《崔明达》篇，引《广异记》曰：“明达又念：‘欲令开讲，不致塔座，何以敷演？’又见塔座在西廊下，王指令明达上座开题，仍于塔下设席。”[⑤]明达心中所念，“欲令开讲，不致塔座，何以敷演”，正体现出塔座的安排是开讲的必要条件，开讲只能在围绕塔座、烘托塔座的仪式中完成，

① ［清］曹雪芹：《红楼梦》，无名氏续，人民文学出版社，2008 年，第 225 页。
② ［唐］李白：《李太白全集（上）》，王琦注，中华书局，1977 年，第 683 页。
③ ［五代］释义楚：《释氏六帖》第 21 卷，浙江古籍出版社，1990 年，第 437 页。
④ ［宋］李昉等：《太平广记》，中华书局，2020 年，第 1909 页。
⑤ 同上书，第 2508 页。

塔座之上下构成的高度差将赋予明达以开讲的合理地位与合法身份。

如果塔没有“台基”呢？要看怎么定义“台基”，没有人为的“台基”，可以有天然的“台基”——石头。张说《游龙山静胜寺》有句：“云对石上塔，风吹松下路。禅室宴三空，神祠同六趣。”[①]这便记录了在石上起塔的记忆。另外，塔还多以楼阁为形式，重檐叠架，此有诗为证。顾况《归阳萧寺有丁行者能修无生忍担水施僧况归命稽首作诗》：“宝塔宝楼阁，重檐交梵天。譬如一明珠，共赞光白圆。”[②]“宝塔宝楼阁，重檐交梵天”，写得很清楚。塔如明珠，放出光彩，其本身建筑的崇高是不可或缺的前提。

因为塔有高度，所以它也就带来了缘于高度而独有的生命体验。例如，陈润《登西灵塔》：“塔庙出招提，登临碧海西。不知人意远，渐觉鸟飞低。”[③]“渐觉鸟飞低”，本合情合理；而与之相关的“不知人意远”，则在“人意”之上、之外，超越于“人意”的基础上，见证了一种在天地间“流行”着的浑整的生命感。获得这种生命感，塔的高度功不可没。

在与塔有关的传奇里，塔上的世界似乎总是与人间隔离的、诡谲的、别样的——这一异乎寻常的世界，异常终究是高度带来的成效。不妨设想一只神秘鸟掳掠了儿童，去了哪里？高塔之上。《太平广记》之“夜叉一”有《章仇兼琼》篇，引《尚书故实》曰：“章仇兼琼镇蜀日，佛寺设大会。百戏在庭，有十岁童儿舞于竿杪，忽有一物，状如雕鹗，掠之而去。群众大骇。因罢乐。后数日，其父母见在高塔之上，梯而取之，而神形如痴。久之方语云，见如壁画飞天夜叉者，将入塔中。日饲果实饮食之味。亦不知其所自。旬日，方精神如初。”[④]状如雕鹗的神秘鸟没有把儿童掳掠直上云霄，而是去了塔上。儿童理应不恐高，他原本就在竿杪上讨生活。即便如此，当父母找到他时，他也痴痴傻傻的，俨如经历过一场劫难、一个异度空间。

从异度空间里看曾经的人世间究竟是怎样的？《丘濡》曰：“其塔去人居止甚近，女常下视，其物在空中，不能化形，至地，方与人杂。”[⑤]从“不能化形”的无形，到“方与人杂”的有形，貌似由虚而实的过程，实则蕴藏着上下观念——“下视”一词，对异度空间的视角进行了客观还原，也使人们对古人关于“高”塔的“身体”想象有所了解。今天，人们习惯于居住在摩天大楼里，早已对“下视”失去了新鲜的梦幻感；把时间倒退千年，人在“高”塔之上的体验必如身处惊涛骇浪而令人晕眩。

无论如何，塔之高，往往是孤绝峭立的。一如岑参《与高适、薛据登慈恩寺浮图》所说，“塔势如涌出，孤高耸天宫。登临出世界，磴道盘虚空。”[⑥]塔不仅势如涌出，高耸天宫，而且这种涌

---

① [唐]张说：《张说集校注》第1册，熊飞校注，中华书局，2013年，第21页。
② 中华书局编辑部：《全唐诗》第4册，中华书局，1999年，第2931页。
③ 中华书局编辑部：《全唐诗》第5册，中华书局，1999年，第3055页。
④ [宋]李昉等：《太平广记》，中华书局，2020年，第2346页。
⑤ 同上书，第2353页。
⑥ [唐]岑参：《岑参诗笺注（上）》，廖立笺注，中华书局，2018年，第177页。

出、高耸，饱含孤傲，是一种“立竿见影”的“特立独行”。巧合的是，高适也写过类似诗句，其《和窦侍御登凉州七级浮图之作》曰，“化塔屹中起，孤高宜上跻。铁冠雄赏眺，金界宠招携”①。这也用到了化塔“孤高”的意境。

塔之高，高到什么程度暂且不说，其高起码造成了另一种效果，那便是塔通常可以成为自杀之地。《太平广记》之“征应二帝王休征”有《唐僖宗》篇，引《唐史》曰：“释徒大恐，且欲拘縻之际，则齐登峻塔，投身而下。其一不救，其一坠伤，狂痛昏迷，诘问不获。”②高耸峻峭的塔身，为自杀、自残提供了方便快捷的场所，这在不以崇高为己志的中国传统建筑中是很难想象的。并且，塔因其高而危，可以成为绝望者的自杀之地，亦时有失足意外发生的凶险。《唐国史补》：“李氏子为千牛，与其侪类登慈恩寺塔，穷危极险，跃出槛外，失身而坠，赖腰带挂钉，风摇久而未落。”③看来有必要时刻提醒登塔者，严禁翻越。

二、精神内容

塔一定是直上云霄的吗？不全然不尽然。塔并不绝对挺拔高耸，亦有低矮之塔，岑参《雪后与群公过慈恩寺》：“竹外山低塔，藤间院隔桥。归家如欲懒，俗虑向来销。”④其中的“低塔”，就给人留下了“亲民”的印象。

值得注意的细节是，佛寺崇高，其所崇之高，不唯塔所独有。就佛寺建筑文化的整体而言，塔并不是唯一的佛寺崇高不可企及的代表。《般若重兴》：“隋帝坚登位，以同州旧宅，近般若尼寺，因建德兵火，扫地皆尽。开皇四年下敕修建，改为大兴国寺。开托规摹，备加轮焕，七重周亘，百拱相持，龛室高耸，栏宇连褒，金盘捧云表之露，宝铎摇上下之风。又以太祖往隋州造大兴国寺，京师造兴善寺，大启灵塔，广置天宫，像殿凭虚，梅梁架回，璧珰曜彩，玉题含晖，画栱承云，丹栌捧日，风和宝铎，雨润珠幡，林开七觉之花，池潚八功之水，召六大德及四海名僧，常有三百人，四事供养无乏。”⑤在这里，“百拱相持，龛室高耸”，真正高耸的是龛室，而非“灵塔”。“灵塔”留给人们的印象是

① ［唐］高适：《高适集笺注》，孙钦善校注，上海古籍出版社，2014 年，第 253 页。
② ［宋］李昉等：《太平广记》，中华书局，2020 年，第 840—841 页。
③ ［清］陈梦雷：《古今图书集成》第 500 册（《博物汇编·神异典·塔部汇考》第 124 卷），蒋廷锡校，中华书局，1985 年，第 7—8 页。
④ ［唐］岑参：《岑参诗笺注（下）》，廖立笺注，中华书局，2018 年，第 595 页。
⑤ ［五代］释义楚：《释氏六帖》第 21 卷，浙江古籍出版社，1990 年，第 438 页。

极尽奢华繁复之能事——以其“装饰”擅长，不以其“叠架”取胜。只不过相对而言，塔更具有崇高的标志性。

更何况，“圆”是佛塔的“高”之外，仅次于“高”，积淀在人们心中的“塔”的气质。《通典》之“边防四”有《投和》篇，提到隋时所闻海南大洲中真腊之南的投和国，“王无姓，名齐杖摩。其屋以草覆之。王所坐塔，圆似佛塔，以金饰之，门皆东开，坐亦东向。”[①]此条亦可见于《太平御览》之“四夷部九”之“南蛮四”的《投和国》所引《隋书》篇。其中，齐杖摩所坐之塔究竟形制如何，具体细节不得而知，但圆、金饰、门东开、坐东向却是已知，而圆的比拟对象，恰恰是佛塔。事实上，周长往往是与高度同时被用来描述一座塔的“标配”单位。例如《太平御览》之“四夷部十六”之“西戎西”的《小月氏》所引《北史》曰：“其城东十里有佛塔，周三百五十步，高八十丈。自佛塔初建，计至后魏武定八年，八百四十二年，所谓百丈佛图也。”[②]一座塔被记录下来，除了建造的时间、位置外，最重要的数据即其高度和周长。

所以，塔的真正魅力在于，人们赋予了塔的形式以精神内容。例如，塔之高显，是塔标志、弘扬、颂赞其道德理念的重要依据，《释氏六帖》之“塔”曰：“有梵语塔婆，此云方坟，或云支提，此云灭恶生善，或云斗薮波，此云护赞高显安佛等，或云窣堵波，此云灵庙，一表人胜，二令他信，三为报恩。”[③]值得注意的是，无论是一表人胜，二令他信，还是三为报恩，塔之高显所表露的都是一种佛教之为教，之为一种社会“组织”、社会“文化”的建构基础。换句话说，佛教之为“学”——如果把“教”与“学”视为一种各举、分立、对峙的“范式”的话——“佛学”的价值定位、趋向、趣味并没有显现在佛塔身上。

塔的设立，还与风水学说有着不可分割的“密意”。袁学澜《双塔影园记》云：“邻寺双塔，影浮南荣丁位，据形家言，谓主居者多寿，娴于文艺，以塔之秀气所聚也。”[④]双塔影园在苏州城内官太尉桥西堍，咸丰二年（1852）秋，袁学澜购卢氏旧宅而重葺，换句话说，这篇记叙，是袁学澜写给“自己”的。在他的心里，塔不仅符合形胜的需要，且可聚“秀气”，使人长寿，宜于养生。

另外，塔的高度足以使它具有天然的军事用途。河北定州开元寺塔位于河北定州东南隅，这一地理坐标今天看来也许平淡无奇，但却是北宋时期对阵契

① ［唐］杜佑：《通典》（校点本）第5册，王文锦等校，中华书局，1988年，第5102页。
② ［宋］李昉等：《太平御览》第2册，上海古籍出版社，2008年，第3530页。
③ ［五代］释义楚：《释氏六帖》第21卷，浙江古籍出版社，1990年，第442页。
④ ［清］袁学澜：《双塔影园记》，见王稼句编注《苏州园林历代文钞》，上海三联书店，2008年，第83—84页。

丹、形势险要的军事重地。定州开元寺塔于真宗咸平四年（1001）肇建，仁宗至和二年（1055）始成，历时54年。塔总高84米，为十一级八角楼阁式砖塔，其最初的功用设定即为“料敌”。

如何理解？一方面，从结构上看，这座塔的第三层以下，于东西南北四方各设真门，其余则设浮雕假窗。重点在于，塔的最上面两层，八面都开了真门——真门非但没有减少，反而多出了一倍。而且，塔顶有砖口，可直通塔刹；顶层出檐愈加深远，更便于远眺。这足以说明，建造这座塔的目的是观敌、放哨。这还是不是一座佛塔？当然，塔心柱的每层都设有佛龛。另一方面，从碑碣看，碑文内容也大多与军事战争有关。“如二层塔壁碑文所载有‘镇定高阳开三路都部署王超、知定州军州事驸马都尉吴元扆、深州团练使定州驻泊行营马步军副都部署杨嗣、镇定高阳开三路行营马步军都钤辖兼定州兵马钤辖韩训’等，四层塔壁碑文有‘云翼第八指挥副使皇祚……云翼左第九指挥使刘明俊弟明信耿氏臧氏男宜哥闰哥三哥女增姐’等。而和尚建塔的题名并不很多，文人题咏则更少。”[①] 这便落实了这座佛塔的特殊性。[②]

在西藏西部，位于班公湖北岸乌江村的塔康巴旷野岩画，是西藏高原发现的岩画中内容最完整、场面最宏大的岩画。日土县北接新疆，西邻克什米尔，地处喀喇昆仑山与喜马拉雅山结合地带，平均海拔在4700米。乌江村属于高海拔荒漠区，人口密度为每平方千米0.06人。这些岩画发现于乌江村驻地以北60千米处的“其吾浦”山谷中。“其吾浦”也即藏语“小人山谷”的音译。所谓“小人”，指的是岩画上的各种形象。岩画分为东西两区，位于西区的第五幅岩画，高100厘米，长80厘米，画面中有三个套头长袍的人物，有三只枝角夸张的公鹿和一头牦牛，叠加其上的，正是一座塔。这座塔的塔刹上有相轮，塔身上有门窗或佛龛，塔基的层次起码有三重。[③] 有塔的画面与其他无塔的画面最大的区别在于，塔与人物、公鹿的形象有所遮盖和重叠，而不符合透视法。显然，这座塔在整幅画面中是作为象征性的符号而存在的，它是唯一的地标性质的建筑物，唯一可以参照的地理“依据”（图3-1）。

---

① 朱希元：《北宋“料敌”用的定县开元寺塔》，《文物》1984年第3期，第83—84页。
② 参见朱希元：《北宋“料敌”用的定县开元寺塔》，《文物》1984年第3期，第84页。
③ 参见四川大学历史文化学院考古学系、西藏自治区文物局：《西藏日土县塔康巴岩画的调查》，《考古》2001年第6期，第517页。

图 3-1　西藏日土县塔康巴岩画局部画面

四川大学历史文化学院考古学系、西藏自治区文物局：《西藏日土县塔康巴岩画的调查》，《考古》2001 年第 6 期，第 517 页

三、放光

塔放光明，是塔“释放”信号、“表现”神迹最常用的手段。《太平广记》之“异僧一”有《康僧会》篇曰：“平西将军赵诱世不奉法，傲蔑三宝，入此寺，谓诸道人曰：‘久闻此塔屡放光明，虚诞不经。所谓能信，若必目睹，所不能耳。’言竟，塔即出五色光，照耀堂刹。诱肃然毛竖，由此信敬。”[①]此处，与崇高相对应的是塔能够放光明，如日月星辰，照昼夜，耀百里，至于无量，而常与“五色”——青赤白黑黄相对应。塔不仅放光明，而且放的是五色光。五色原本是用来表象宇宙整体的祥瑞，寓意着五方——东西南北中；五色光更凸显出塔照耀天地的力量。

塔所放之光，蕴含着被中国化了的宇宙全息影像，可视为某种权力话语的表达。“华州思觉寺立塔，初阴雪，将下舍利，日照五色，气光数丈覆塔，上属天雨华。”[②]如是放光，既是一种发散，又是一种收摄，既包含了广被、覆盖的意义，又记述了信仰由边缘向中心聚拢的归属感。

据《衡岳志》记载：“陈慧思禅师居光州大苏山，一日，师指岩下曰：‘吾前一生曾此坐禅，为贼断首。’寻获枯骨一聚。至西南隅，指大石曰：‘吾二生亦曾居此。’拾髑髅起塔焉。又至蒙密处曰：‘此古寺也，吾三生尝托居此地。’因指人掘之，果有僧用器皿及殿宇基址，指两石，下得遗骸，乃建塔，今三生塔是也。”[③]塔本身极为重要的核心含义之一，即为“聚”。所谓“聚”，不只是共时性的，也是历时性的。塔固然可以聚拢人气，在同一个时间维度上，把不同的人聚集起来；它更可以聚拢历史，在不同的时间维度上，把一个人的三生聚集起来。所以说，塔的收摄之功、聚合之力，在时空中有“立体”效果。塔在佛教建筑中的地位之崇高，被尊奉的程度之显赫不言而喻。《法苑珠林·敬塔篇·故塔部》引《杂宝藏经》云：“若扫僧房一阎浮提，不如扫佛塔一手掌。”[④]对比悬殊。

塔之高、塔之光，有没有客观的实际效应？答案是肯定的。鲁应龙《括异志》：“资圣寺在海盐县西，本普明院，天禧二年赐今名。寺有宝塔极高峻，层

---

① ［宋］李昉等：《太平广记》，中华书局，2020 年，第 498 页。
② ［清］陈梦雷：《古今图书集成》第 500 册（《博物汇编·神异典·塔部汇考》第 124 卷），蒋廷锡校，中华书局，1985 年，第 8 页。
③ 同上书，第 7 页。
④ ［唐］释道世：《法苑珠林校注》第 38 卷，周叔迦、苏晋仁校注，中华书局，2003 年，第 1201 页。

层用四方灯，点照东海，行舟者皆望此为标的焉，为功甚宏。”[1]灯塔灯塔，恰恰是塔之高、塔之光双重效应的叠合。

海上行船，尤赖于此。《浙江通志》亦云：“净土寺有塔，每夜令行者募油钱，燃灯至晓不灭，江海道途之人，望以为号。”[2]不过，塔是不是就一定在维护渔民的生产生活？也不一定。据《苏州府志》记载，关于瑞光塔，“塔七级，天启三年，僧圆净创七佛阁于四瑞堂旧址。甫立柱，天眼放光，巡按御史王珙题天眼阁，自后塔光屡见舍利塔，凡燃灯之夜，太湖渔人网捕无所获，湖与塔相去三十里。”[3]“湖与塔相去三十里”，这是一段极为遥远的距离，但凡燃灯之夜，太湖渔人无获。所以，塔在高处，塔所放出的光芒到底意味着什么，需要在具体语境中予以还原，没有一律化的解释。

塔在现世中的世俗意义，以及塔放光明的神迹，通过莫高窟第 323 窟南壁东侧中层的《迎昙延法师入朝》表现得“一览无余”（图 3–2）。隋开皇年间，天下大旱，文帝请昙延法师入朝祈雨，壁画不仅刻画了城内的殿堂、经篷、杨柳、乌云，还刻画了一座位于都城的最中心、正在大放光明的舍利塔。塔放光明，乌云密布，无疑是成功祈雨的征兆，而祈雨本身，满足的恰恰是众生的现实需要。

在类似崇拜活动中，塔不仅是可以放光的，还可以传声。例如《释氏六帖》之“兖州瑕丘”：“贞观十四年，丰是为因导沟渠，掘得二舌根，颜色不坏，埋在两塔下，每夜恒闻诵经声。”[4]除“地上”的风铃外，“地下”的舌根亦能言，能诵经声，如是“神迹”是否属实，经过时间的淘洗，已不再重要；重要的是，在信仰的神学世界里，塔是一种有声的存在，可谓“声光电”一体化的多维载体。

塔以及塔上的铃声，往往会为之用来解释谶纬之术。《太平广记》之“异僧二”有《佛图澄》篇曰：“建平四年四月，天静无风，而塔上一铃独鸣。澄谓众曰，铃音云：‘国有大丧，不出今年矣。’是岁七月勒死。太子弘袭位。”[5]塔上一铃为何独鸣？因为“国有大丧”。塔上的异象被用来解释谶纬。

最后，值得一提的还有“塔影”。所谓“塔影”，不一定限定为塔在水中的

① ［清］陈梦雷：《古今图书集成》第 500 册（《博物汇编·神异典·塔部汇考》第 124 卷），蒋廷锡校，中华书局，1985 年，第 8 页。
② 同上书，第 9 页。
③ ［清］陈梦雷：《古今图书集成》第 499 册（《博物汇编·神异典·塔部汇考》第 122 卷），蒋廷锡校，中华书局，1985 年，第 58 页。
④ ［五代］释义楚：《释氏六帖》第 21 卷，浙江古籍出版社，1990 年，第 439 页。
⑤ ［宋］李昉等：《太平广记》，中华书局，2020 年，第 503 页。

图 3–2 《迎昙延法师入朝》

倒影，也可以指塔影影绰绰的"身形"。沈德潜《蒋氏塔影园记》："摩诘辋川庄因乎蓝田，白太傅草堂因乎庐山，其最著也。赋琴主人为园于虎丘东南隅，山之明丽秀错，园皆得而因之，名曰塔影，山巅浮图，隐见林隙，故名。"[1] 虎丘周边不是只有一座"塔影园"，事实上，沈德潜的这篇《蒋氏塔影园记》文末处还提到了顾苓的"塔影园"。蒋氏塔影园在虎丘东山浜，为蒋重光所修葺的"别业"，俗称"蒋园"。沈德潜提到的"赋琴主人"即蒋重光。蒋重光曾师从沈德潜，中年得疾，仍读书不辍，著有《赋琴楼稿》。

沈德潜的记文里写得很清楚，所谓"塔影"，"山巅浮图，隐见林隙，故名"。塔影固然可以指塔的影像，但塔影之所以为塔影，其特殊性就在于它有可能是倒悬的。《古今图书集成·神异典·塔部汇考·畿辅通志·天宁寺塔》："塔倒影在大士殿日方中，阖殿中门，日入门罅，塔影倒现石上。昔人云：'影从罅入空中，物则旁碍，碍则影束，影束则倒。'段成式云：'海水倒翻故耳。'然是舍利珠影也，珠光上聚，摄入塔影，影入隙光，光则倒，受倒者光中塔影，非常塔影也。今悬镜中像过傍镜，其物正倒也。阳燧倒影者，日光倒入也。又光从上来，层十三具光，一再传物，体则小也。"[2] 可知，门罅、影束、海水倒翻、珠影、隙光、悬镜、传导，都有可能导致塔影倒悬的现象出现。塔的存在不是一种绝对客观的存在，而是一种积淀在人的视觉经验、心理经验中的具体存在。

---

① ［清］沈德潜：《蒋氏塔影园记》，见王稼句编注《苏州园林历代文钞》，上海三联书店，2008年，第112页。

② ［清］陈梦雷：《古今图书集成》第499册（《博物汇编·神异典·塔部汇考》第122卷），蒋廷锡校，中华书局，1985年，第57页。

第二节 镇压与庇佑

吉凶是中国古代占验文化里最核心的两种征兆、现象、判断和语词。个人现实的遭际或吉或凶，命运如此，经历如此，感受更是如此。吉凶作为文化符号，酝酿和塑造出两两相对、相反相成的思维范式，如四象八卦系统。佛塔介入中土，非但没有解构吉凶，反而迎合了这一话语系统。在此基础上，具有超验力量的塔具备了震慑和威胁功能。与此同时，也形成了其维护道德、庇佑信徒的传统。

一、八棱八卦

在方圆之间，八角塔的八个棱面与八卦卦象相互契合的形式设计，无论是偶然形成的还是刻意推动的，都成为北凉时期，也即佛教传入的早期，西域一带造设塔，尤其是塔基碑座的主要模型。

“鲍篡造石塔基座”刻凿于北魏太平真君三年（442），材质为砂岩，高 10 厘米，长 28.2 厘米，东京书道博物馆馆藏，上有“太平真君三年岁次壬午四月戊寅朔十有八日乙未”一段带有明确纪年的发愿文。这座石塔基座的一面明确使用了“一人四兽”的格局，一人立于中，两兽为近景，背向分列左右，两兽为远景，正向分列左右，带有浓厚的中国巫术意味（图 3-3）。

这种结构是当时的石刻碑座普遍流行的格局。例如，现藏于美国纽约大都会博物馆的石灰岩石佛碑像，纪年为东魏武定元年（543），高 308 厘米，分多层，运用减地和阴阳等多种刻法雕镂。这座石碑的碑座四面刻有山神王、树神王、风神王、珠神王等八位神王，而其正面，亦是如斯“一人四兽”的格局——位于中央的“一人”，即为中国传统巫术中的巫觋（图3–4）。

甘肃省博物馆所藏的北凉承阳二年（426）酒泉马德惠石塔残高34厘米，底径16厘米，出土于酒泉石佛湾子（图3–5）。这座塔的塔身覆钵上有八龛像，浮雕七坐佛、一交脚弥勒菩萨。这是一座典型的报恩塔，塔上令狐飒书写的发愿文明确提到，“承阳二年岁在丙寅次于鹑火十月五日马德惠于酒泉西城立为父母报恩”。另外，“八角形塔基线刻神八身，各配八卦符号。神王两侧各刻供养人人名及易卦榜题，依次为：□□震长男 / 惠□女巽中女 / 惠女□安离长女 / 惠母恩在坤母 / 沙门昙智兑少女 / 惠□女乾父 /□师男保儿□少男 /□□艮仲男”[①]。八卦的方位配以神八身——各司其职，各安天命，有条不紊——关于神灵的崇拜，只有在这八卦底图上才能得以安放。

这一现象，除了敦煌沙山石塔、三危山塔外，还可见于现藏甘肃省博物馆的酒泉高善穆石塔，纪年为北凉承玄元年（428），青黑色砂页岩，塔高44.6厘米，底径15.2厘米，与马德惠石塔同地出土[②]；酒泉田弘石塔，纪年为北凉承玄二年（429），青灰色砂岩，残高41厘米，底径21厘米，亦于石佛湾出土[③]。以及现藏德国柏林国立博物馆印度艺术馆的吐鲁番宋庆石塔，

上：图3–3　鲍纂造石塔基座

金申：《中国历代纪年佛像图典》，文物出版社，1994年，第11页

中：图3–4　石佛碑像碑座正面

金申：《中国历代纪年佛像图典》，文物出版社，1994年，第231页

下：图3–5　酒泉马德惠石塔

［韩］李正晓：《中国早期佛教造像研究》，文物出版社，2005年，第126页

① ［韩］李正晓：《中国早期佛教造像研究》，文物出版社，2005年，第126页。
② 参见［韩］李正晓：《中国早期佛教造像研究》，文物出版社，2005年，第128页。
③ 同上书，第129页。

北凉红砂岩，残高 66 厘米，底径 26.5 厘米，于吐鲁番高昌故城出土；吐鲁番小石塔，北凉红砂岩，残高 27.7 厘米，底径 16 厘米，亦于吐鲁番高昌故城出土。足以证明此种形制于当时当地极为流行。

关于这批石塔中的造像，宿白曾经有过非常详尽的表述："石塔列龛中的主要是过去七佛坐像和弥勒菩萨交脚坐像，434 年石塔出现思维菩萨像。佛的姿态，428、429 年两石塔都作禅定相，430 年石塔出现说法相。佛的服装，通肩、右袒出现较早，436 年石塔出现双领下垂内着僧祈支的服装。较早的佛座是矮平的莲座，434 年石塔出现须弥座。弥勒菩萨皆作着宝观、袒上身的交脚坐式，430 年石塔弥勒菩萨已装饰璎珞。428、429 年石塔无龛面装饰，430 年石塔出现了尖拱龛面，434 年石塔出现了火焰龛面。绝大部分石塔基座上的供养人物附刻有八卦符号；430 年石塔在供养人物右侧还刻出与易卦象结合起来的榜题，例如'乾、父'、'艮，仲男'之类。最早的一座（428）石塔，宝盖顶上还刻出北斗七星。这些东方传统的因素在北凉石塔上出现是值得注意的。它应与魏晋佛教形象杂有黄老道术的内容，有一定的联系。"[①]总体上看，一方面，这批石塔一般是僧侣用来个人禅修的；另一方面，其艺术的成分越来越复杂。不过，从其根本来看，它们都是佛教与道术、与民间信仰结合的产物，而不是在单纯地传播佛教义理内容。[②]

在敦煌市博物馆所藏的三件北凉石塔中[③]，沙山塔"塔基残高约 12 厘米，为八面柱形，每面阴线刻一供养天人像，像胸或腿以下均有不同程度残损。像为四男四女，均有头光，披巾，戴项圈，每像的正上方各刻一八卦符号。由乾卦始，从左至右与《周易·说卦》中八卦的排列顺序一致"[④]。1981 年发现于三危山顶王母宫正殿土筑供桌内的三危山塔，同样为八面塔基，布局顺序与沙山塔完全一致，可见当时在北凉这种设置极为流行。"我国现存 12 件北凉石塔中有 8 件刻有八卦符号。阴阳八卦属于道教思想。早期汉地杂密往往与道教交融。北凉石塔上吸收八卦符号，证明这种交融早在北凉时期已经波及河西地区。"[⑤]

事实上，这 8 件石塔，除一座残损外，另 7 座塔上的弥勒像与塔基八卦符号的艮卦均在同一方向，以证弥勒乃"第一身"。无独有偶，美国克林富兰（现译为克利夫兰）艺术博物馆于 1990 年从美国 J. H. 韦德基金会购入的一件北凉石

① 宿白：《凉州石窟遗迹与"凉州模式"》，《考古学报》1986 年第 4 期，第 438—439 页。
② 参见宿白：《凉州石窟遗迹与"凉州模式"》，《考古学报》1986 年第 4 期，第 439 页。
③ 参见殷光明：《敦煌市博物馆藏三件北凉石塔》，《文物》1991 年第 11 期，第 76 页。
④ 殷光明：《敦煌市博物馆藏三件北凉石塔》，《文物》1991 年第 11 期，第 76—77 页。
⑤ 同上书，第 83 页。

塔（CMA90·84）为八面形塔，由冻石雕刻。[1]

这件石塔塔基上同样刻画着四男四女，契合于八卦，而不仅是所有男像，就连坤卦的老妇，上身也都完全袒露，充分表现出西域民族壮硕的体格和风貌，以及文化融合的印迹。[2]

当然，并不是所有塔的八棱面都与八卦相当。1997 年 10 月，在山东薛河清淤过程中发现的唐开元五年碑、开元二十五年造像碑，以及一些佛像、石座和寺院建筑残件中，就有两件雕刻精美的塔级。这两件塔级均为八棱八面，每一面浮雕出一尊佛像。这些佛像的共通特点是龛窝深凿，龛上为尖拱形，这使得佛像的雕刻更为立体，从而体现出石匠高超的雕刻技艺。[3] 从现有的材料看，这些八棱八面的塔级与八卦无关。[4]

二、震慑

佛塔直面生死，穿透生死，抑或已然战胜了死亡的超验预设，使得佛塔充满了神秘而不可知的力量——展现这种力量，梳理和判断因果业报的种类和量级，震慑三世乃至六道，是塔给予人们的关于正义的瑰丽想象。

《法苑珠林·敬塔篇·兴造部》，提到过安塔的三重意旨——“安塔有其三意：一、表人胜，二、令他信，三、为报恩。若是凡夫比丘有德望者，亦得起塔。”[5] 类似表述与《释氏六帖》中的造塔目的前后一贯，如出一辙——未提到镇妖除魔，不含有压制意味，即沾溉着浓厚的人伦道义的色彩。[6]

但在“实战”经验中，塔具有强大的震慑功能，甚至可以当作天降神器，这在民间武侠传奇故事里不胜枚举。在《封神演义》之《子牙捉神荼郁垒》中，读者可以一睹风采的是，“袁洪同众将正在辕门看高明兄弟二人大战周兵，见杨任用五火扇子扇高明，又见李靖用塔罩高觉，忙命吴龙、常昊接战。”[7] 托塔李天王所托之塔，分明是他震慑、对抗敌军的法宝。

---

① 参见殷光明：《美国克林富兰艺术博物馆所藏北凉石塔及有关问题》，《文物》1997 年第 4 期，第 43 页。
② 同上。
③ 参见微山县文物管理所：《山东微山县出土唐代石刻》，《考古》2001 年第 9 期，第 827 页。
④ 同上。
⑤ ［唐］释道世：《法苑珠林校注》第 37 卷，周叔迦、苏晋仁校注，中华书局，2003 年，第 1188 页。
⑥ 参见［五代］释义楚：《释氏六帖》第 21 卷，浙江古籍出版社，1990 年，第 442 页。
⑦ ［明］许仲琳：《封神演义（下）》，齐鲁书社，1980 年，第 803 页。

塔的震慑功用自阿育王时代就开始具备了。《水经注·河水》引《法显传》曰："佛自忉利天东下三道宝阶，为母说法处。宝阶既没，阿育王于宝阶处作塔，后作石柱，柱上作师子像，外道少信，师子为吼，怖效心诚。"[①]塔为石柱所做，柱上有狮子，狮子为吼，实现了因恐吓受众而致其畏惧的震慑功能。狮子形象的存在集中和侧重于教义的弘扬，而非为深究学理。

《太平御览》之"释部六"有《塔》篇，引《宋书》言："谢尚尝梦其父曰：'西南有气至，冲人必死，勿当其锋。家无一全，汝宜修福塔寺可禳之。若未暇立寺，可杖头刻作塔形，见有气来可拟之。'尚悟，惧未及造塔寺，遂刻小塔施杖头，恒置左右。"[②]这一典故在《太平御览》之"服用部十二"的《杖》篇，所引《塔寺记》中也提到过。塔寺，固有禳灾避祸之用；塔寺之间，塔之用尤为殊胜。

在这里，塔具备如是之功用，有赖其形——"杖头刻作塔形，见有气来可拟之"。塔作为一种佛教法器，所具有的禳灾避祸效果，是"叠加"在信徒的现世欲望中的。与塔由谁来构拟、为什么塑造相比，塔所呈现的形式是实质性的。塔另出物华，高出地表，耸立于世，突兀的形象中蕴含着倔强的崛起的勇气、定力，同时具备了抵御灾祸的心理预期。

塔能够镇压邪恶怪异之说，至唐已极为流行。《太平广记》之"虎一"有《虎塔》篇，引《朝野佥载》曰："唐天后中，成王千里将一虎子来宫中养。损一宫人。遂令生饿数日而死。天后令葬之，其上起塔，设千人供，勒碑。号为虎塔。至今犹在。"[③]"养虎为患"，不只是一种比喻，而是有现实依据的，虎甚至会作为宠物，被养在宫里。如果虎没有"损一宫人"，可能也不至于落得被饿死的结局。无论如何，虎塔的起立，都是一种震慑性的存在，是在象征、培育一种威严和压力。

在民间信仰的世界里，塔所镇压的对象，往往是被妖魔化了的不可控的自然现象。《宋史·程大昌传》："大昌为秘书少监兼中书舍人，六合塔寺僧以镇潮为功，求内降，给赐所置田产，仍免科徭。大昌奏僧寺既违法置田，又移科徭于民，奈何许之，况自修塔之后，潮果不啮岸乎，寝其命。"[④]塔之能镇潮的效果是否属实、客观、可靠，不得而知，但如是说法的实际意义，的确丰富了塔的

---

① ［北魏］郦道元：《水经注集成初编》第 1 卷，中华书局，1991 年，第 43 页。
② ［宋］李昉等：《太平御览》第 2 册，上海古籍出版社，2008 年，第 2938 页。
③ ［宋］李昉等：《太平广记》，中华书局，2020 年，第 2867 页。
④ ［清］陈梦雷：《古今图书集成》第 500 册（《博物汇编·神异典·塔部汇考》第 124 卷），蒋廷锡校，中华书局，1985 年，第 9 页。

适应性和存在价值。

塔还可以是彼此休战，放下武器，双方和解的象征。陈允吉《佛经文学粹编》中"天竺物语"有《放弓仗塔》，便记录了母子失散后重见之时的故事："小妇人即以两手构两乳，乳各作五百道，俱堕千子口中。贼知是其母，即放弓仗。二父王于是思惟，皆得辟支佛。二辟支佛塔犹在。后世尊成道，告诸弟子：'是吾昔时放弓仗处。'"[①]母子相认，所依托的是类似于哺乳的离奇想象，常令人匪夷所思；但"贼"子由此放下弓仗，自卸甲兵却是事实。

塔中的"神灵"来自何方？原初的答案必然为天竺。《释氏六帖》之《益州晋源》曰："隋初有天竺僧昙摩，掘又远来，礼育王塔，至两女驿间，左右人行声问之，曰：我十二神王从本国相护，至此欲去。曰：请现。又善画写形毕去。诜律师乃依图颜，木刻十二神像庄饰在于塔下。"[②]显然，"我十二神王从本国相护"中的"我"指的是"昙摩"，"本国"指的是"天竺"。昙摩指出，天竺十二神是为了护佑"我"远道而来的，如今欲去。那么，"诜律师乃依图颜，木刻十二神像庄饰在于塔下"中的十二神像，也必然是天竺的十二神像。

这座明代的金刚般若波罗蜜经塔横向 83 厘米，纵向 185.5 厘米，是由一整部《金刚般若波罗蜜经》的文字刻画而成的石刻佛塔（图 3-6）。每字不足半厘米，经文自刹上起，沿着瓦楞铃铎、梁枋斗拱、栏杆立柱层叠而下，字体谨严，字距行距等齐，大小不差毫厘。这不再是塔的"用料"问题，而是塔的"意义"问题——塔与经咒合二为一。

图 3-6《金刚般若波罗蜜经塔》

① 陈允吉、胡中行：《佛经文学粹编》，上海古籍出版社，1999 年，第 548 页。

② ［五代］释义楚：《释氏六帖》第 21 卷，浙江古籍出版社，1990 年，第 444 页。

三、护法

既然塔的功能如此强大，塔自身会不会坏灭？会。为什么？因为法灭。《释氏六帖》之“坏塔灭法”载：“《灌顶经》云：一神不护，二教法欲灭，三恶比丘互为非法，四不行戒律，故犯所受，五更相毁谤，六四辈弟子学诸异道符书兵法，七值诸恶王等。”[①]塔坏，实是法灭的“征象符号”——解释中暗含的逻辑颇具谶纬之理。是否应验不重要，重要的是，人们似乎并不会从建筑本身的工匠技艺、工艺水平，乃至材料、基础、结构等现实层面去推理塔坏的构造之因。

与之相反，造塔、修塔，是可以长寿的，类似文献并不罕见。《释氏六帖》之“塔修延寿”载：“《杂宝藏》云：有王，七日必当命终，相师定之。王见故坏塔修之，乃延寿命也。”[②]本来命该往生的国王，因为维修了失修的故坏之塔，寿命得以延续。这便不是祈福的问题，而是现实的当下发生的“回报率”。

塔是可以用来报恩的。《太平御览》之“释部六”有《寺》篇，引《南史》曰：“王懿字仲德。父苗，仕苻坚，至二千石。苻坚之败，仲德年十七，及兄睿同起义兵，与慕容垂战，败，被重创走，与家属相失，路经大泽，困未能去，卧林中。有一小儿，青衣，年可七八岁，骑牛行，见仲德，惊曰：‘汉已食未？’仲德言饥，小儿去，须臾复来，得饭与之。食毕欲行而暴雨，莫知津径。有一白狼至前，仰天而号，号讫，衔仲德衣，因渡水，仲德随后得济，与睿相及。渡河至滑台，复为翟辽所留。积年，仲德欲南归，乃弃辽奔泰山。晋太元末，徙居彭城。宋元嘉九年，又为徐州刺史。仲德三临徐州，威德著于彭城，立佛寺，作白狼、童子象于塔中，以在河北所遇也。”[③]王懿所立的寺塔中，就这段文献来看，所塑的是白狼、童子之像，起于报恩之愿。白狼是不是精怪，童子何时成年，都不重要，重要的是王懿之于事件当中的白狼、童子的感念。童子骑牛而行，白狼仰天而号，多多少少带有逍遥“法”外的概念，但在这里，报恩终究是带有于苦难中被救厄之德性记忆的。道德感，是王懿立塔所传达出的“主题”。

屡次遭受地震灾害的小雁塔无疑是中国古代建筑久经磨难而屹立不倒的最佳证明。明嘉靖辛亥王鹤的题字“表明小雁塔在明成化末（1487）和正德

---

① ［五代］释义楚：《释氏六帖》第21卷，浙江古籍出版社，1990年，第448页。
② 同上。
③ ［宋］李昉等：《太平御览》第2册，上海古籍出版社，2008年，第2940页。

末（1521）经历了两次地震，前一次地震使塔‘中裂尺许’，后一次地震又使塔‘一夕如故’，裂缝又弥合起来。显然这两次地震作用到塔上的力量，方向是相反的。故才有这个现象”①。小雁塔位于西安南门外大荐福寺内，寺初建于唐文明元年（684），塔初建于唐景龙年间，距今已有1300多年的历史。荐福寺的殿堂几经废弛而重修，小雁塔亦于宋、明、清经历过数次修整。王鹤的题字或为史实，或带有神化成分，都说明了塔的自然天敌是地震。除了这两次地震外，起码嘉靖三十四年（1555）波及九省的大地震也一定会对小雁塔造成影响。塔的崇高给它自身带来的风险不言而喻，小雁塔是偶然的幸存者，不幸者早已湮灭在历史的烟尘里。②

正因为如此，佛塔地宫壁画中还少不了护法，少不了四大天王。辽宁沈阳皇姑区西的无垢净光舍利塔地宫四壁就绘制着四大天王，东持国西广目，南增长北多闻。这座塔建于辽重熙十三年（1044），塔下地宫面积16平方米，四壁有天王像及其侍从共九身，画中人物孔武有力，怒发冲冠，奔放威严，极具视觉的冲击力和感染力（图3–7）。四大天王在佛塔壁画中极为常见，并非无垢净光舍利塔独有，山西应县佛宫寺释迦塔中亦可见。③

事实上，中国古建筑的维护从来都是一个令爱者痛，令学者恨，令那些珍惜历史的人们内心撕裂崩溃的话题。霍姆斯·维慈指出：“在不同的文化传承中，对于历史遗迹，或重在日常维护，或偏于毁损后重修。如日本人和英国人每天都会充满爱意地精心呵护其文物古迹，地面保持得如脸面般整洁，屋顶的瓦片一有破裂，年内就会得到更换。在中国则是另一种情形，基本上很少有维持照管，特别是对建筑物背面。残砖断瓦只有等到周围一大片都不堪再用时才被更换，或是等到椽木腐烂，或是整个屋顶塌陷。这就把维修拖成了重修，而重修可以让人感到宗教热忱且被视为盛举。”④

为什么中国古人任由建筑破败？可以有向上的解释，也可以有向下的解释。一方面，向上可见诸中国古人的自然观。袁学澜《游息园记》中曾经说过这样一句话：“余尝旷观世间万事，须臾变易，如太空浮云，白云苍狗，顷刻万状，转瞬之间，归于无有，况歌舞娱游，楼观靡丽，极盛难继，高明鬼瞰，朱门甲

① 保全：《从几通碑石看荐福寺、小雁塔的变迁和整修》，《考古》1985年第1期，第45页。
② 同上。
③ 参见《中国美术全集》编委会：《中国美术全集》第14册，人民美术出版社，2014年，第52—53页。
④ ［美］霍姆斯·维慈：《中国佛教的复兴》，王雷泉等译，上海古籍出版社，2006年，第73页。

图 3-7 《西方广目天》

第，再过为墟，大抵然矣。”[1] 世事无常，即为常法。为什么不维护？因为瞬即旋变，无所谓永恒，大可任由天意。

另一方面，也可以有向下的解释。向下有实用主义的“在场”哲学——这不是一句空脱的口号，而是实实在在的现实语境。建筑是当下的，生活的，经验的，古迹的利用率低，又无所谓超越意义上的哲学追思，所以中国古人对古建筑维护的兴趣和投入，更多地沉湎于重修。重修往往有着中兴意味，必然要扩容，要增饰，要添加重修者的意志，而与原样维护的精神相左。换一种角度来思索，塔的优势在于，除了它多为砖制外，照看塔的主体不是家庭内部成员，而是过集体生活的僧伽组织；但功德院存在，祖师禅流行，塔的衰落依旧是它不可摆脱的宿命。

有怎样的佛教传播历史，就有怎样的佛塔。三阶教创始于

① ［清］袁学澜：《游息园记》，见王稼句编注《苏州园林历代文钞》，上海三联书店，2008 年，第 87 页。

信行，他面对北朝晚期流行的“正法”“像法”“末法”说，杂糅《法华》《华严》《涅槃》《十轮》等诸经，提出了“佛法”分三个阶段的理论，也即佛在世时，佛灭度后1500年以前，佛灭度后1500年以后这三个阶段，来解读所谓的一乘法、二乘法、三乘法，期于普法众生。“三阶”的创教在客观性上实则是一种方便法门，更多的是在为末法时代的定义和仪轨寻找逻辑支持，如斯方便法门的传扬，主要集中于民间社会开枝散叶，而并未进入隋唐佛教八大宗派的队列。

需要特别说明的是，创教者信行早年在邺城一带传教，塔便记录了这一段历史，岚峰山47号塔即三阶教徒僧顺的散身塔——其《光天寺故大比丘尼僧顺禅师散身塔》铭云：“七岁出家，随师听学，遍求诸法四十余年，忽遇当根佛法，认恶椎善，乞食头陀。”[①]“当根佛法”“乞食头陀”皆为三阶教义中反复出现的高频词；僧顺的事迹、行踪均与三阶教徒的活动轨迹契合。[②]换句话说，塔不仅是一支精神的火把，还是一面历史的镜子，塔会全息而清楚地呈现历史真实而具体的细枝末节。

迪尔凯姆曾言：“宗教不是某种不可解释的幻觉：它根植于现实之中。当一个人认为存在着一种他深深依赖并对之感恩戴德的道德力量时，他并不是在欺骗自己：这种力量确实存在，它就是社会。”[③]超验的实质是经验的放大和强化。超验世界之所以存在，需要人类掺杂了情感和意志的想象，经验不只是如斯想象的素材，也是其可能发生的基础。

迪尔凯姆所主张的，是这种根植于现实的经验力量，不是个人的而是社会的，人只是社会中的一分子，无论他有意还是无意，都在塑造一种来自于社会的文化想象。更进一步而言，人类社会不是单一的、一律的，而是多元的、历史的，只有回到建造佛塔的历史语境，尤其是其社会语境中，才能真正了解佛塔出现的来龙去脉。换句话说，还原佛塔出现的历史语境，必然是一种对佛塔的文化阐释。单纯地描述其形式细节，不足以实现观照佛塔这一文化现象的本愿。

佛塔一定是战无不胜、攻无不克的吗？倒也未必，要看语境。山西芮城县永乐宫纯阳殿，又名混成殿、吕祖殿，元中统三年（1262）建，其壁画用52幅连环画组成，每方上隅墨书题榜，为元至正十八年（1358）禽昌朱好古门徒张

① 参见李裕群：《邺城地区石窟与刻经》，《考古学报》1997年第4期，第471页。
② 同上书，第469页。
③ ［法］迪尔凯姆：《迪尔凯姆论宗教》，周秋良译，华夏出版社，1999年，第128页。

图 3–8 《吕洞宾故事》(游寒山寺)

遵礼所作，其中刻画过吕洞宾游寒山寺的经历。寒山寺在苏州阊门外，吕洞宾游歇于此，寺中有塔，塔上风铎叮当，吕洞宾失眠，指塔吹气，铎便无声，一如图中所讲。在历史上，佛道相争似永无宁日，魔高一尺道高一丈，你方唱罢我登场，塔也便被迫卷入其中，而充当起了串联神迹的筹码（图 3–8）。宋靖康年间的少林寺舍利石函共分五部分，图中为盖顶面所刻的菱花形双阴线边框，以宝相花作边饰，而正当其中的，恰恰是充满了中土文化特色的蟠龙图案（图 3–9）。

图 3–9 《少林寺舍利石函石刻画像》

《中国美术全集》编委会：《中国美术全集》第 20 册，人民美术出版社，2014 年，第 72 页

结语

佛塔的现实功用来源于生活，又回到生活。在一个被战争、疾病、饥饿、死亡“唤醒”的世界里，佛塔无疑是人们所苦苦寻求的慰藉、所执着渴望的希冀。中国佛塔糅合了中国古代固有的善恶吉凶观念，把自身演变成了一种正义的化身和道德的悲情戏，它用自己不可知的超验力量，证明了关于善的信仰理应存在的意义。

中国
佛教美学
典藏

第四章 塔之含义

合义者，乃联系、组合之义。塔的空间与其所在周边建筑环境的空间关系是怎样的？塔是其所在的周边建筑环境空间的中心吗？还是边缘？还是几乎无关的旁观者？为什么会出现如此这般的局面？其内在成因是什么？

塔可以用来报恩，可以用来修行，可以用来标榜，可以用来思考，也可以用来回忆、庋藏、寄托、震慑和把玩，无边际，不可限定，但有一点却是可知、可说的，那便是塔在历史长河中，并不绝然独立——塔的空间不是孤立的存在者。一方面，在中国的北方，源于印度、西域，塔位列于窟龛之间。所谓窟龛，一般是在山体上开凿的，所以塔主要解决的是如何融入山的问题。山是既定的、耸立的、高大的、硬质的、不可挪移的，塔必须与之适应。另一方面，在中国各地尤其是南方，塔被造设在寺院里。所谓寺院，最初的原型大多属于平原——寺院是人造的，人为的，与自然山体分属二系——寺在“远山”“寒山”不知处，亦不脱离人间语，所以，塔主要解决的是如何厕身建筑群体的问题。中国古代建筑群体反映的是社会制度，饱含着权力的隐喻主题，寺院更是如此。塔在寺院中的坐标不是恒定的，它经历了从中心到边缘的去中心化过程，这也充分表现出中国古代佛教教团内部，尤其是江南地区广泛信众的心理趋向和信仰内容。

第一节 作为窟龛的组织

在中国的北方，源于印度、西域，佛教信仰的主体是彼岸世界，重点讨论的是“三宝”——佛、法、僧。其中，僧伽是提高组织凝聚力、开展信仰活动的核心力量；而窟龛恰为僧伽的修行、弘法之地和日常居所。塔作为窟龛的组成部分而存在，意在提醒，信仰需要面对的首先是僧伽自己。

一、在山上

佛教在中土传播，在哪里集会？在哪里组织活动？这与佛教建筑的空间设计有着密切联系。北方多山，为造像提供便利的同时，也为开凿窟龛提供了便利。有学者指出：“北方地区现知最早的佛教造像，已晚至 4 世纪，且出自十六国时期少数民族建立的国家，而到了 5 世纪以后，北方地区不仅普遍流行单个的铜、石造像，而且同时大兴开窟造像之风。如前所述，南方地区这类装饰在器物上的佛像，到了 4 世纪中叶以后已属凤毛麟角，至 5 世纪便完全消失了。而南方地区的凿窟造像却远不及北方发达，见于史载其建寺造像虽颇为兴盛，但现在留存的遗迹遗物殊少。”[①]北方重教，南方重学，同根同源，却各自开枝散叶，彼此分立。为什么北方所造之像，形象上颇具中亚风格，而南方造像更注重工艺操作水平，无从追溯其与某一宗派、

① 贺中香、喻少英：《鄂城六朝文物的佛像装饰与南方佛教》，《文物》1997 年第 6 期，第 67 页。

图 4-1　河南新安西沃石窟西区立面

河南省古代建筑保护研究所：《河南新安西沃石窟勘测报告》，《文物》1997 年第 10 期，第 66 页

思想更为具体的关联。一条最唯物主义的解释是，因为北方山多——凿窟造像的前提是有丰富的山体资源，凿窟造像必在山上。

山不一定是荒凉的——山的身份在变化，沧海桑田，今天的荒山，或许昔日曾是交通要冲或栈道。河南新安西沃石窟群原本开凿在河南新安西沃村所在的青要山北麓、黄河南岸一片陡峭的石壁上。石窟中尚留有古栈道的遗痕，例如牛鼻形孔、栈道顶部的残痕和方形的壁孔。

西沃石窟的原凿之地现已被黄河小浪底水库淹没，也从一定程度上说明了其与黄河水道的密切关系。石窟西区上赫然摩崖凿刻着四座塔形，这四座塔的高度从左到右依次为 220 厘米、92 厘米、203 厘米、95 厘米，恰好形成了前景、背景、前景、背景两两重叠的视觉效果（图 4-1）。尤其值得注意的是位于第 3、4 座塔之间的单层塔形千佛龛，上下分为 6 层，每层龛数在 7 至 10 个不等，共有 51 龛，塔身正中圆拱尖楣，各雕一结禅定印的坐佛（图 4-2）。

左：图 4–2　河南新安西沃石窟西区立面局部

河南省古代建筑保护研究所：《河南新安西沃石窟勘测报告》，《文物》1997 年第 10 期，第 66 页

右：图 4–3　云冈第 20 窟西壁

杭侃：《云冈第 20 窟西壁坍塌的时间与昙曜五窟最初的布局设计》，《文物》1994 年第 10 期，第 58 页

这与西区最西端集中分布的屋形龛——均刻有鸱尾、正脊、垂脊和瓦垅，分 8 层，共 39 龛——相映成趣。[①]

西沃石窟的 1 号窟开凿于北魏孝昌年间，2 号窟完工于北魏普泰元年（531），正值洛阳地区开凿中小型洞窟和小龛的最盛时期，与龙门石窟群有着不可分割的联系。塔龛的凿刻不只在视觉层面为石窟群的景深层次提供了现实依据，更在客观意义上为塔的居室化进程奠定了坚实基础。塔的空间价值以瘗埋为契机，从信仰向居室的转型过程，顺理成章地借助石窟造像得以铺垫。

北方山体作为“胚胎”，也有不完美者。在塔窟之间，石窟开凿遇到的外在自然条件限制、约束更严峻。例如，云冈石窟开凿在侏罗纪地层的砂岩体上，上为黄色砂岩，下为紫红色砂岩，这种分层现象在其主尊东西两侧极为明显——紫红色砂岩的软弱岩层，更易于出现裂痕、剥落、损毁（图 4–3）。有学者提出，昙曜五窟的“20 窟的西壁，在第一期东西胁佛完成不久就已经开始坍塌，而此时两胁佛附近的小龛尚未开始雕造。这种情况，不但对

① 参见河南省古代建筑保护研究所：《河南新安西沃石窟勘测报告》，《文物》1997 年第 10 期，第 66 页。

20窟的布局产生影响，甚至影响到昙曜五窟原来的总体设计”[①]。胁佛附近的小龛，是因为砂岩质地的原因而被“搁置”的，并非人之初愿。石窟开凿的工期、进度，尤其是完成度，受到政治、经济、文化等多重维度的影响，自然条件的限制尤为突出。

无论如何，塔与窟龛组合，通常不脱离山体而存在。用塔来比拟山峰，和用山峰来比拟塔，都是极为常见的用法，例如《释氏六帖》之“唐述古寺”：“在河州西北五十里，度风林津，登长夷岭南，名积石山，禹贡之极地，泉峰竞出，各有异势如塔。”[②]积石山，便“异势如塔”。

贺兰山全长200多公里，贺兰山东麓有大的山沟20多条，拜寺沟位于贺兰山中段，全长20多公里，沟口呈喇叭形。拜寺口北寺遗址位于沟口北侧的山前台地上，遗址中部耸立着双塔，于1986年加固维修，1999年5月，又在双塔北侧的山坡上发现了大型塔址群落，残留的塔基有62座。这块区域南北长约90米，东西宽约70米，高度落差约28米，倾斜度为23°。塔基自下而上，分11级平台。从第1级到第11级，残存的塔基为2、11、6、7、8、6、6、7、5、3、1座（图4–4）。不仅如此，这些塔与塔之间，平台与平台之间还有石砌的隔墙、护壁。[③]所以从总体上看，在这块北高南低、具有陡峭坡度

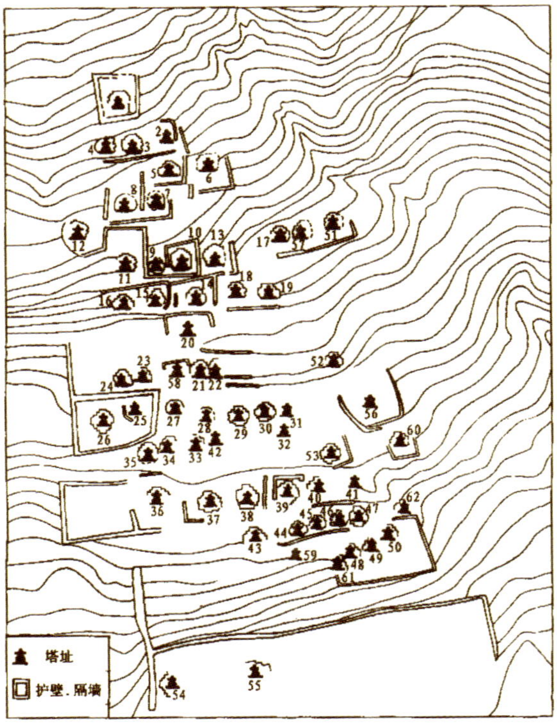

图4–4　宁夏贺兰县拜寺口北寺塔群塔址分布示意图

宁夏回族自治区文物考古研究所、贺兰县文化局：《宁夏贺兰县拜寺口北寺塔群遗址的清理》，《考古》2002年第8期，第43页

① 杭侃：《云冈第20窟西壁坍塌的时间与昙曜五窟最初的布局设计》，《文物》1994年第10期，第58页。

② ［五代］释义楚：《释氏六帖》第21卷，浙江古籍出版社，1990年，第439页。

③ 参见宁夏回族自治区文物考古研究所、贺兰县文化局：《宁夏贺兰县拜寺口北寺塔群遗址的清理》，《考古》2002年第8期，第42页。

图 4–5 宁夏青铜峡市一百零八塔立面图

宁夏回族自治区文物管理委员会办公室、青铜峡市文物管理所:《宁夏青铜峡市一百零八塔清理维修简报》,《文物》1991 年第 8 期,第 28 页

的区域里，塔群显然是与其“背景”贺兰山麓融为一体的，无法脱离贺兰山麓而存在。

宁夏青铜峡市峡口山黄河西岸一处向东的坡地上，有由 108 座塔构成的塔群，塔群整体呈现为巨大的三角形，依山势从上到下按照奇数排列，凿石阶而建，共 12 层。这 108 座塔中的 1 号塔无疑是具有引领性的。它最为高大，残高 5.04 米，塔底直径 3.08 米，有塔心室，其余 107 座均为实心塔，残高 2 至 2.5 米，塔底直径 1.9 至 2.1 米。塔群的基座有十字折角形和八角形两种，塔身有覆钵式、葫芦形、钟形、折腹式四种，形制基本一致（图 4–5）。由此可见，塔的文化内涵与山体结合得极为紧密——当塔群出现时，一座既依山而建，又凸显“阶级”的人造塔山，以其组合规律的“强硬”，把塔文化与山文化内在地整合如一。

二、塔庙窟

在山上，塔与窟如并蒂之莲，密不可分。曹天度造九层千佛石塔刻凿于北魏天安元年（466），砂岩，塔高 155 厘米，塔刹残高 49.5 厘米，原存于山西朔县崇福寺，塔身现存于台北故宫博物院，塔刹现存于山西朔县文物保管所（图 4–6）。塔上有明确的纪年铭文：“天安元年，岁次鹑火，侣登蕤宾，五日辛卯内小曹天度为亡父颖宁，亡息玄明于兹平城造。”[1]这座石塔显然具有窟内中心塔柱的风格，千佛作为纹样，起到了装饰墙面的效果。

① 金申:《中国历代纪年佛像图典》，文物出版社，1994 年，第 439 页。

史树青在关于这座塔的专文《北魏曹天度造千佛石塔》中提及奥地利格拉茨大学的弗兰茨的意见，“弗兰茨教授认为石塔与云冈石窟的浮雕塔、塔柱有密切关系，是完全正确的。我看此塔的雕造，就是出于开凿云冈石窟的工人之手，与云冈第21窟五层出檐方塔很相似（图4–7）。而题记文字与1966年大同出土的太和八年（484）《司马金龙墓表》书体十分接近，为研究北魏的书法艺术提供了一份珍贵的资料”[①]。由此可知，塔和窟不仅在渊源上有所重叠，在现实的塑造过程中，亦有千丝万缕的联系，二者的构形、材质、技艺互通，可以相互“加持”。

辽宁义县万佛堂西1窟为塔庙窟的代表，其基本格局由前庭和主室组成（图4–8）。前庭略呈梯形，主室为抹角方形。这种塔庙窟最根本的特性即在于室内有中心塔柱——“室内中央为方形中心柱，四面开龛，每面上下两层龛，上层各一浅龛，下层各一大龛”[②]。

为什么这种塔多为方形？当然可以有面向“四方”的教义解释，但与此同时，亦是塔作为建筑部件，作为塔庙窟的中心柱由四面而决定的。四面的中心柱，构造、雕凿简易、方便、准确。当然，不同地区的中心柱式的塔庙窟在表现性上略有区别。“云冈石窟中心柱多为上有华盖的层塔形制，万佛堂石窟的中心柱则为单塔形制，而龙门石窟中没有中心柱窟。”[③] 如是所谓的单塔形制，具体而言，又多为金刚宝座塔。[④]

上：图4–6　曹天度造九层千佛石塔

金申：《中国历代纪年佛像图典》，文物出版社，1994年，第22页

下：图4–7　云冈第21窟五层出檐方塔

史树青：《北魏曹天度造千佛石塔》，《文物》1980年第1期，第70页

① 史树青：《北魏曹天度造千佛石塔》，《文物》1980年第1期，第70页。
② 刘建华：《辽宁义县万佛堂北魏石窟分期研究》，《考古学报》2001年第2期，第161页。
③ 同上书，第176页。
④ 同上书，第164页。

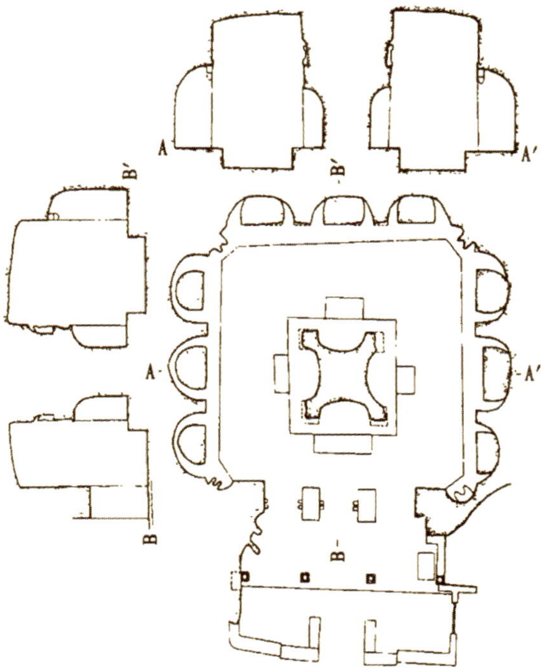

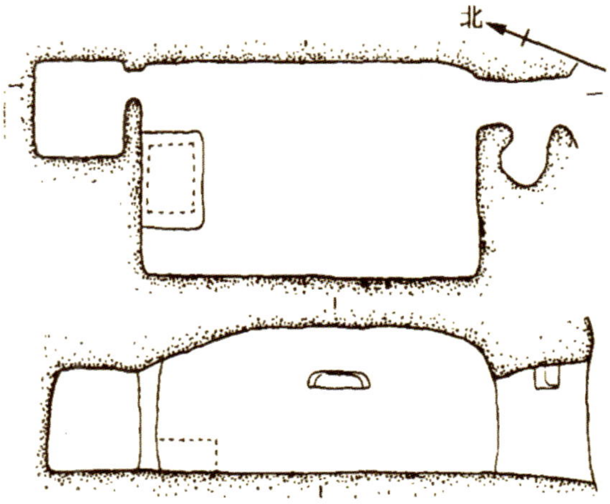

左：图 4–8　辽宁义县万佛堂北魏西 1 窟

刘建华：《辽宁义县万佛堂北魏石窟分期研究》，《考古学报》2001 年第 2 期，第 164 页

右：图 4–9　西藏札达县皮央 – 东嘎遗址灵塔窟

四川大学历史文化学院考古学系、四川大学中国藏学研究所、西藏自治区文物事业管理局：《西藏札达县皮央 – 东嘎遗址 1997 年调查与发掘》，《考古学报》2001 年第 3 期，第 406 页

相对于西域、汉地的塔庙窟，西藏地区有相应的灵塔窟。西藏札达县皮央 – 东嘎遗址 I 区的第 360 号窟为灵塔窟。此窟位于皮央村西侧山丘的东南崖坡上，门向东南，由门道、前室、后室组成，看上去有些逼仄，其实不然，因为其前室进深 8 米，宽 4.5 米，弧形窟顶高 3.1 米（图 4–9）。值得注意的是，“灵塔建在前室后（北）壁正中，塔刹已不存，塔基残高 0.7、宽 2、长 1.5 米，正面涂红色，其上绘有一对相背而立的白象，画风古朴”①。可见，西藏地区绘制“灵塔”的主题不是层次单双和叠加的问题，而是色彩的问题——红色为底，上衬白象，极为浓烈的色彩对比是装饰灵塔的审美要义。类似灵塔窟常为修行窟，修行者圆寂之后，人们便建造了灵塔，来供奉他的法体。

在此基础上，塔的形式在与窟龛结合的过程中，还出现了许多新情况。除了塔庙窟，在石窟中央矗立塔之外，塔与窟的结合

① 四川大学历史文化学院考古学系、四川大学中国藏学研究所、西藏自治区文物事业管理局：《西藏札达县皮央 – 东嘎遗址 1997 年调查与发掘》，《考古学报》2001 年第 3 期，第 406—407 页。

还以其他形式存在。例如，山西太原龙山童子寺保留的唐代石窟第 6 窟，第 6 窟的主室平面近乎圆形，穹隆顶，宽 1.92 米，高 1.8 米，进深 1.94 米，但外立面做出了横向的长方形框架，正中开出窟门，门外两侧各有一力士雕像，而在二力士的外侧，又各雕了一座五层密檐佛塔，塔高 1.12 米，塔身第一层开有圆形拱龛，与力士像搭配。① 这便为塔窟的结合提供了新的可能性：塔不仅可能是窟的中心柱，还有可能是窟的门前列柱。②

三、内外空间

塔内空间不是封闭的，并非四面八方周严不怠，而可能根据具体情况出现各种“变体”和“变种”。古都邺城在今河北临漳县，地处太行山东麓，自曹魏建都于此后，素来是北方政治、军事、经济、文化的中心。十六国时期，后赵、冉魏、前燕都建都于此，而邺城作为东魏、北齐的国都，均存在了四十余年。因此，皇室和高僧便承继洛阳盛凿石窟之风气，在以邺城为中心的太行山麓大规模开凿石窟，如有南北响堂山石窟、小南海石窟、宝山灵泉寺石窟等多处。

在这里，值得注意的有一处细节，即北响堂南洞，“南洞为方形、平顶、三壁三龛窟。窟内雕三结跏坐佛，施说法印。窟外顶部覆钵塔内中空，亦作三壁三龛形制，正壁释迦多宝对坐说法，左右壁各一坐佛，可知为三佛组合”③。释迦多宝对坐，出自《法华经》之《见宝塔品》，可知此南洞的信仰与《法华经》有关。不过，更重要的是，此窟外顶部覆钵塔内的空间是开放的，“亦作三壁三龛形制”，以与窟内空间“同步”“套叠”。换句话说，塔、窟之间的形制经常会出现“互文”性，塔的内部空间与其所在的建筑场域之间的对话关系极为灵动、活泼。

现实的塔的内部空间层层套叠，天津蓟县（今蓟州区）独乐寺塔即可证明（图 4–10）。因为高，作为建筑物，对塔形成严重破坏的力量不仅有火灾、战争，还有地震。1976 年唐山大地震，独乐寺塔损失惨重，不仅塔刹被震落，而且覆钵开裂。于是，考古工作者决定拆后重建。然而，“当拆至十三天相轮底部时，发现内部还包有一塔，包砖层厚 0.6 ～ 1 米不等。为弄清被包塔的面貌，便采

---

① 参见中国社会科学院考古研究所边疆考古研究中心、山西省考古研究所、太原市文物考古研究所：《太原市龙山童子寺遗址发掘简报》，《考古》2010 年第 7 期，第 624 页。

② 同上书，第 625 页。

③ 李裕群：《邺城地区石窟与刻经》，《考古学报》1997 年第 4 期，第 457 页。

图 4–10　独乐寺塔剖面图及其内部辽代独乐寺塔复原示意图

天津市历史博物馆考古队、蓟县文物保管所：《天津蓟县独乐寺塔》，《考古学报》1989 年第 1 期，第 86 页取分段剥去包砖外皮的做法，逐段进行测绘、照相，然后再拆除。拆至第一层檐时，全部包砖砌体拆完，暴露出原塔全貌。被包的辽塔，除相轮和覆钵下的1.6米表层装饰残毁外，其余基本完好"①。

蓟县"白塔"，是20世纪30年代梁思成调查过的一座非常著名的佛塔，然而直到1976年，才向人们展现出了它的真实面目。塔的内部空间不是空的、虚无的、苍白的铁板一块，而蕴含着层替的、延展的历史内容。通过这次发掘，可知独乐寺塔起码经历过三次大修，三次大修主要通过包砌来完成。第一次包砌距离建塔时间不长，不晚于辽代。重建的十三天相轮中出土了天禧通宝和祥符通宝各一枚，其所使用的辽代沟纹砖，一律顺铺的砖砌方法和完整的砖雕提供了证明。第二次包砌，在门道东侧镶有嘉靖二十八年《重修渔阳郡塔记》的碑铭。第三次包砌为万历大修，塔院内的二碑记录了这次大修的缘起、经过、修葺内容以及年代。所以塔的内部是空的吗？当然不是，塔的内部空间正是历史积淀的结果——它不是一次性的、闲置的、无用的存留，而是时间记忆的真实写照。

至于塔的外部空间，则相对自由。山西太原龙山童子寺遗址可分为两部分，一部分为寺院区，一部分为佛阁区。这两块区域并非由中轴线贯彻，中轴线只是贯彻在寺院区，由单间式的山门、唐朝的经幢、条石砌筑的月台、面阔五间进深二间的正殿组成，左右两边是方形基石的钟鼓楼、石筑窑洞式的南北厢房。然而，这是一块独立区域。童子寺还另辟了佛阁区，这两块区域之间在形式上如果用一个关键词来联系的话，那便是山势——山势使平者更为平敞，使高者更为高显。尤其值得一提的是，中国现存最早的燃灯石塔就保留在佛阁前。这座北齐的燃灯石塔高5.03米，是临近佛阁的标志。②

换句话说，佛阁前是燃灯石塔，佛阁后是摩崖大佛，从燃灯石塔到佛阁到摩崖大佛，层次渐高。这便是山地寺院不同于平原寺院最根本的特性——因地制宜，与自然密切结合。更进一步而言，童子寺的寺院区是僧侣用来坐禅观像、生活起居的，佛阁区才是礼拜供养的主要场所。所以，燃灯石塔的意义更侧重于表达在山势的掩映下礼拜的情怀。塔脱离了中轴线的束缚，反倒成为一种超然屹立的象征。③

值得强调的还有塔的大小。佛教造型艺术从西域至中土，或有新疆模式、凉州模式、云冈模式、龙门模式，不过，不得不提的是，还有青州模式。这一渐进过程在

① 天津市历史博物馆考古队、蓟县文物保管所：《天津蓟县独乐寺塔》，《考古学报》1989年第1期，第83页。
② 参见中国社会科学院考古研究所边疆考古研究中心、山西省考古研究所、太原市文物考古研究所：《太原市龙山童子寺遗址发掘简报》，《考古》2010年第7期，第620页。
③ 同上书，第621页。

图 4-11 山东博兴县出土北朝佛教遗物中的陶塔

博兴县文物管理所：《山东博兴县出土北朝造像等佛教遗物》，《考古》1997年第7期，图版陆

佛像塑造的变迁上表现得极为明显。“中原内地北朝中晚期大型石窟，无不为皇家出资统领建造，如云冈、龙门、天龙山和响堂山等石窟，‘皆竭国家之力，惨淡经营’。开凿石窟雕塑佛像，除了崇佛修功德之强烈愿望外，还应有充足的人力和物力条件。轰轰烈烈的开凿石窟运动，由新疆经河西向中原推进，北魏晚期龙门石窟的出现似乎是这种功德活动的总结和转折。自北魏末年以后，龙门石窟和周围地区的凿崖造像多是建造相对耗资小费力少的崖龛佛像。北朝晚期这种开崖凿龛造像对今天山东地区的影响主要在济南地区，如黄石崖、龙洞和五峰山莲花洞等造像，都是凿浅龛和利用天然洞窟修凿而成，其‘经济’规划更是节俭。”[①] 宗教信仰的狂热致使皇家贵族以举国之力开窟造像终究没有维持太长的时段，所谓青州模式的造像风格，即以单个佛像为主来完成统治王朝之外的分散的功德朝拜。这一趋势在造塔活动中亦有所体现。塔固然崇高，但塔可大可小，小并不是高的障碍——单体同样能够触发信仰的激情，因此在这一时期大量出现。

陶塔通常为泥质灰陶。1990年春，在山东博兴县张官村村北发现的一批佛教遗物中，出土过一座陶塔。这座陶塔为圆桶状，拱形塔门，螺状塔顶，塔顶饰有宝珠。陶塔通高39厘米，塔顶高15厘米，塔门高10厘米，最大相轮直径20厘米。[②] 从这座陶塔身上起码可以获知，塔的须弥座可以淡化甚至取消，塔的束腰亦可以简略甚至抹平，但塔之所以为塔，有两点是决定性的，一为顶，一为门。顶是螺发，门为拱门。螺发之顶是佛法无边智慧的象征，拱门则代表着内与外、此岸与彼岸、现世与超越的沟通渠道——它不是一般民居中与牖窗相对的门户，门户是需要开阖的，且必须与牖窗相对，这座陶塔上的拱门却无须开阖而独立存在，类似于龛窟之形，堪称面对众生、平等众生的代表（图4-11）。

---

① 刘凤君：《青州地区北朝晚期石佛像与“青州风格”》，《考古学报》2002年第1期，第45—46页。

② 参见博兴县文物管理所：《山东博兴县出土北朝造像等佛教遗物》，《考古》1997年第7期，第32页。

图 4-12　宁夏贺兰县拜寺口北寺塔群遗址出土的“擦擦”

宁夏回族自治区文物考古研究所、贺兰县文化局:《宁夏贺兰县拜寺口北寺塔群遗址的清理》,《考古》2002 年第 8 期,第 43 页

四、有情画卷

北齐中后期,佛教造像迎来高潮,石刻如同画卷。大多以白石雕刻的佛像的典型特征之一,即佛像中塔成为纹样——佛像的背屏呈半圆形,背屏顶部的中心,多雕有小型的舍利塔,以及坐佛、菩提树,两侧是体形矫健的飞天或龙。在这里,塔显然被符号化、装饰化了,在成为整幅图案主题内容的升华组织和想象的同时,难逃被抽象化、被边缘化的命运。①

1999 年 5 月,在宁夏贺兰县拜寺口北寺塔群遗址中共出土 89 件“擦擦”,也即小型佛塔(参见 4-12)。这些“擦擦”被埋在塔心室和木函中,每座塔中分别埋有 5 件、7 件、9 件,甚至十几件,上半部分脱模,下半部分用手收捏而成。这其中,A 型的数量最多,共 79 件。A 型“擦擦”的上半部分脱模印制着 4 层小塔,自下而上分别为 31、28、26、22 个,加上“擦擦”本身,共 108 个。② 这个数字不是偶然的——一年有十二月二十四节气七十二候,道教有三十六天罡七十二地煞,佛教有一百零八种法门一百

① 参见何利群:《从北吴庄佛像埋藏坑论邺城造像的发展阶段与“邺城模式”》,《考古》2014 年第 5 期,第 497—498 页。

② 参见宁夏回族自治区文物考古研究所、贺兰县文化局:《宁夏贺兰县拜寺口北寺塔群遗址的清理》,《考古》2002 年第 8 期,第 49 页。

图 4–13　山西临猗县双塔塔基地宫出土之银棺云片

乔正安:《山西临猗双塔寺北宋塔基地宫清理简报》,《文物》1997 年第 3 期，第 42 页

零八级台阶，吉祥止止，无不指向无穷无尽的自然轮回本体。

“擦擦”，还有一个俗称——“擦康”，主要流行于藏传佛教信仰中，如内蒙古黑水城，甘肃敦煌、武威，宁夏拜寺口、青铜峡。这些“擦擦”不一定只埋藏在塔心室中，在一些神圣的山、湖、路口，也有存放“擦擦”的小屋。舍利分两种，佛身舍利和法身舍利。佛身舍利中含有佛的皮毛骨甲，法身舍利的“用料”则主要是经文、佛塔、衣物、金银珠宝，乃至竹木的根节。因此，“擦擦”也分为两种，一种是极为珍贵的“布擦”，存放佛身舍利；另一种为普通的“擦擦”，存放法身舍利。宁夏贺兰县拜寺口北寺塔群遗址中出土的 89 件“擦擦”属于后者。“擦擦”作为一种小型佛塔的形式，始终存在。如今，在藏地的山体陡坡上仍可见断木整齐排列，码放在一处，它们并非无意为之，很有可能是一座座小型佛塔。

另外，所谓建筑“立面”的艺术在佛塔，尤其是与佛塔有关的器物形制中大量存在。1995 年 1 月，山西临猗县双塔寺地宫中出土过一件前高 26 厘米，后高 20 厘米，前宽 18.5 厘米，后宽 14 厘米的银棺，这件银棺的棺盖呈半圆弧形，套在棺体上，可开闭，而在棺盖的前端钮接着一月弓形云片（图 4–13）。这件云片的纹饰华丽而繁复——外弧为云纹、连珠纹，云片中又以珍珠纹为地。“正中为化佛，结跏趺坐在仰莲座上，左右分别为两尊供养菩萨，两侧分别为浮雕缠枝花纹。云片左右两端，各装置一锤揲的飞龙，口衔宝珠，昂首仰头。云片下端，并排悬吊着五枚银花片。”[1] 如斯云片类似建筑中额枋下透雕抑或彩绘

① 乔正安:《山西临猗双塔寺北宋塔基地宫清理简报》,《文物》1997 年第 3 期，第 41 页。

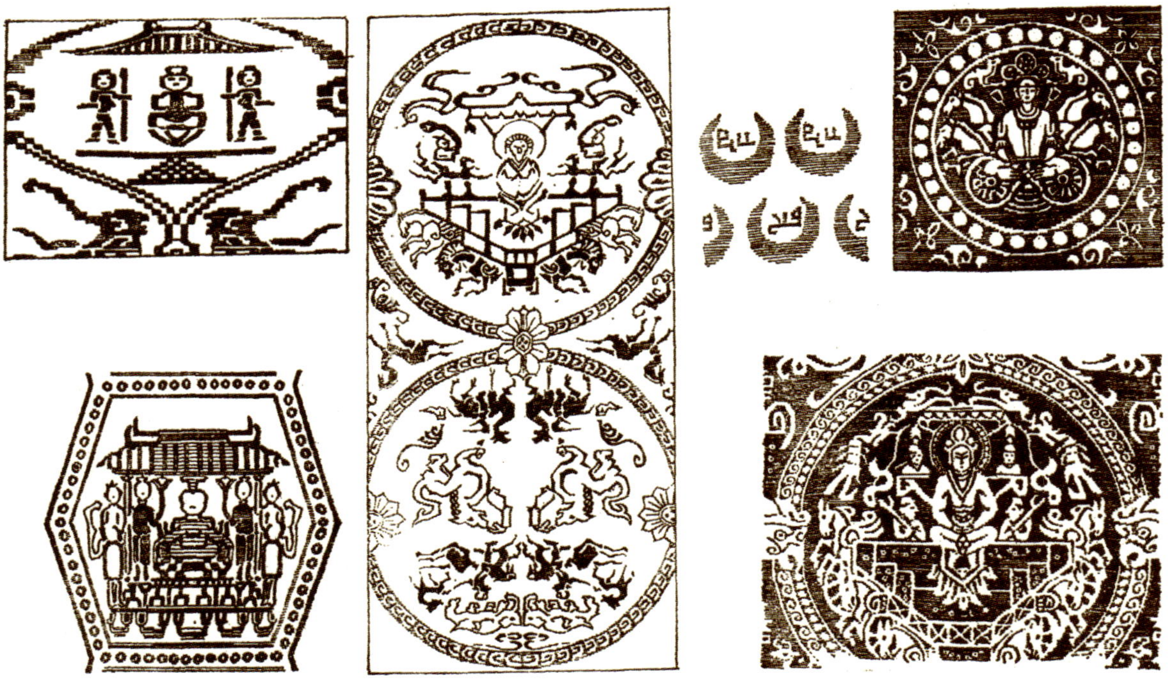

图 4-14　魏唐织锦中的异域神祇

赵丰：《魏唐织锦中的异域神祇》，《考古》1995 年第 2 期，第 181 页

的飞罩、挂落，能够很好地起到装饰银棺“立面”的效果。棺盖、棺体、棺座的组合固然重要，但云片所强调的，恰恰是银棺前置“立面”的整体性，为中国古代建筑的构造带来些许异域风情。

所谓异域风情与其说是一种西域地方专属名物的堆砌，不如说是一种面对不同的文化形态开放阔大的胸襟。不妨以魏唐时期的织锦为例。如图 4-14 所示，织锦中的主尊于图案中央端坐——或为趺坐，或为交脚坐，形态各异，两旁胁侍或二或四，分立两侧，貌似“一佛二弟子”“一铺三尊”“一铺五尊”格局，然而，实际情形却远比佛教传播的单向输入复杂得多。

有学者做过考证，如是织锦图案中的神祇起码包括以下几种：一是琐罗亚斯德教的神祇。琐罗亚斯德教的善神之首是阿胡拉·玛兹达，狮子代表密特拉神，马代表梯希特雷亚神，野猪代表伟力特拉格纳神。二是印度文化之神，如湿婆。这类图案的主尊往往头戴花冠，两旁胁侍手持三叉戟，抑或蛇形物。三是新月—伊斯兰教系统，含有玉兔图案，夹杂着专门称颂安拉的用语。

四是希腊神话系统中的太阳神赫利奥斯。不同于赤身裸体的阿波罗，织锦图案中的赫利奥斯随马其顿东来，带有中亚风味，受萨珊波斯、犍陀罗、印度文化的影响，其圈层外廓，甚至出现过汉语的“吉”字。[1]这是一个流通的世界，一种变化的通渠，其本质是多元。

无论如何，塔之所在，与山一体，山上有塔，自是“有情”画卷。张家相《乐山楼记》曰：“山河大地皆情之所结而成，而钟情最盛者，宜莫如山……近购别墅于虎丘之麓，亭轩朗敞，遍植名花嘉卉。其中有楼焉，面山俯水，其延景尤胜。凭栏远眺，则琳宫梵刹，翠崖苍壁，皆在咫尺之内，而且晨钟暮呗，与画船箫鼓之声相应和，洵可以息机心而消永日矣。夫虎丘仅卷石耳，然而试剑石裂，设法点头，无情之物皆化为有情。”[2]有情在焉，钟情在焉，无“绝情”事，“无情之物皆化为有情”。为什么看破了红尘的佛教成就出“有情”世间？与佛教的中国化实有内在关联——佛教的中国化进程，从某种程度上说，正是一种“审美化”“美学化”的过程，原始佛教的“绝情”之教，早已化为对“有情”世间的深情抒写。

不妨一睹雷峰塔在文人笔墨下是何样态。或可从清代画家蓝深的作品中管窥蠡测：以雷峰塔的横向坐标为界，雷峰塔以下、以上山脉的形状，错落与峭立俨然有别。换句话说，雷峰塔似乎是某种符号，融摄着此岸与彼岸的世界。当它沉默不语的时候，点点寒鸦正在渐飞渐远（图 4–15）。

沈周后，吴门画派的谢时臣、刘原起也画过虎丘。谢时臣，苏州人，工山水，师法吴镇，介于戴进、沈周之间，兼具浙派和吴门画法。刘原起身处明末，为吴门画派的第三代弟子。谢时臣的《虎阜春晴图轴》（图 4–16）和刘原起的《虎丘后山图轴》（图 4–17）最显著的共同点，在于他们都采用了长轴，把虎丘山水的层次感放大，给人们留下了叠峦、渐进的审美效果，引导观者的视线随着时隐时现的石阶蜿蜒曲折前进。在这两幅画作中，虎丘塔都处于整幅画卷的中部，刘原起的后山图更偏上一点，接近于纵向黄金分割点；与此同时，二者也都更接近于画面的边缘，或左，或右，摆脱了中心位置的束缚，而接近于横向黄金分割点。这是一种非常文人化、美学化的做法——它是用递进的层次感，包括色彩的浓淡变化，来表现虎丘塔挺拔与深邃地，而非突兀地、绝对地、一次性地定位选择。所以，虎丘塔不仅是虎丘的标志，也让人们有了关于塔之美的极致体验。

---

① 参见赵丰：《魏唐织锦中的异域神祇》，《考古》1995 年第 2 期，第 179—183 页。
② ［清］张家相：《乐山楼记》，见王稼句编注《苏州园林历代文钞》，上海三联书店，2008 年，第 115 页。

左：图 4–15 《雷峰夕照图轴》

右：图 4–16 《虎阜春晴图轴》

图 4-17 《虎丘后山图轴》

图 4-18 《吴中十景图册》(之一)

李流芳（1575—1629）祖籍歙县，生于嘉定，中过举人，后绝意仕途。论诗文，他是“嘉定四先生”之一；谈画作，他是“画中九友”之一；他还工于书法，这也就决定了他是一个散淡之人，多酬谢之作，而其作中，敢于抽象、剪切。《吴中十景图册》中，《灵岩》里的塔是孤绝的，基本上位于图幅正中的制高点，由数茅檐烘托，却无权力压迫之感，与水中的帆影、船夫两相呼应。这种布局非固形（图 4–18）。在《虎丘》里，塔不仅位于图幅的左上角，而且裁去了塔刹，仅留下三层塔檐。无论是《灵岩》还是《虎丘》，山“势”都是主题——塔既可以用来点睛，也可以用来衬睛（图 4–19）。

图 4-19《吴中十景图册》（之二）

寺院建筑群在整体上依据山势折返而上，备受文人画家们的喜爱，例如章谷的《八景图册》之《涧道寒泉》（图 4-20）。章谷此作着力晕染，极力塑造一种氤氲之气，从杖行的僧人到佛阁、佛殿，再到佛塔，辗转而上的是无尽连绵的之字形，被树丛掩映的佛塔，是这之字形上的节点。既然提到了章谷，难免要提到章谷的次子，笔墨常有父子因循的章声，他的《青绿山水图轴》中，亦有一座佛塔，占据着水中央岛上的制高点，因山势而亭亭玉立（图 4-21）。可见，在明清画家的笔下，早已“无山不塔”“无塔不山了”。

图 4-20 《八景图册》之《涧道寒泉》

图 4-21 《青绿山水图轴》

第二节 作为寺院的符号

在中国各地尤其是南方，佛教信仰的主体是此岸世界，重点讨论的是众生。这不是说不考虑佛法僧了，而是说众生的心理预期实则是能否深入开展信仰活动的前提内容。塔作为寺院的符号，意在提醒，信仰需要面对的首先是众生——此岸即彼岸，众生如愿才是落实信仰的真正动力和目的。

一、中心

塔最初的“实质”是什么？是涅槃。谁涅槃？释迦牟尼。怎么涅槃？通过理解肉体的死亡而超越生死。所以，塔最初的“实质”起码有三重特性，也即个人性、肉身性、事件性。首先，塔跟个人有关。塔中的舍利是释迦牟尼抑或后代高僧的舍利，个人有名有姓，有经历，有特殊性。其次，塔跟肉身有关。灰身不是涅槃，死亡不代表解脱，除了肉身塔外，还有法身塔，但这并不意味着可以脱离肉身来观照塔，肉身是死亡的载体，没有肉身，何来死亡？最后，塔跟事件有关。死亡、解脱、涅槃，都是一种个人肉身在时间性上的延展，而不单纯的是一种观念设定。

正因为如此，事实上，塔代表的是一种佛教的“原始印迹”。“无论是从日本的四天王寺来看，从南亚地区现今尚存的古老寺庙的结构格局来看，还是从印度佛教向东南亚急剧发展之后，遍布东南亚各地的佛教寺庙的格局来看，巨大的塔经常就是佛教寺庙本身，至少它也是上述各种佛教寺庙中占据着最核心位置的建筑物。作为一种佛法的象征，同时更作为开创了佛教的先圣释迦牟尼精神不死的象征，佛塔在佛教信仰中的重要意义是不言而喻的。这也是从印度直到东南亚的多数佛教建筑都以塔作为其中心建筑物的原因所在。”[①]这段话写得比较谦虚，事实上，在某种场合里，塔不仅是佛教建筑的中心，而且就是佛教建筑本身。

塔是否可能成为佛教建筑的中心？在不同的文化语境中，这完全是有可能的。周萨神庙位于柬埔寨西北部暹粒省首府暹粒市的北郊，属于吴哥遗迹群的一部分。吴哥是 9 至 15 世纪古柬埔寨的首都，柬埔寨这一时期的历史被称为吴哥时代（Angkorean），在中国古代典籍中被称为真腊。周萨神庙的建筑风格与吴哥寺（Angkor Wat）、托玛侬神庙、班提色玛寺（Banteay Samre）基本一致，也即 1113 至 1150 年在位的苏利耶跋摩二世（Suryavarman II）前期的作品。[②]这座神庙坐西朝东，呈长方形，有围墙，围墙东西长 42.6 米，南北宽约 38 米。周萨神庙最为突出的特色即其圣殿与塔完全合一。中央圣殿为折角十字形，下为束腰须弥座，上为塔顶，正中为厅，四面各有一供出入的塔门。[③]由此可见，以塔为中心的佛教建筑群并不难想见，只不过按照这一逻辑，这座塔是多功能的，常与殿合并。

塔是有可能和殿堂结合起来的。中国也有类似情况。重檐副阶是江南宋塔乃至江南宋代建筑的结构特征。据《松阳县志》记载，浙江松阳县西屏镇延庆寺初创于梁普通年间，北宋太平兴国四年（979），禅师行达应诏赴印，得经论 8 部，舍利 49 粒，东归后起塔藏舍利，第七层塔壁素枋上砖铭有“淳化五年六月中”字样——淳化五年为 994 年。这座六角七层，残高 37.02 米的砖身木檐楼阁式塔，原始的副阶已不存在，却可以找到柱洞以及基座的痕迹，可知其塔身至台阶边缘深度为 5.3 米，相当于塔底层的对径，而副阶的地平至其椽子部位的高度为 7.3 米（图 4–22）。这构成了巨大的空间。

为此，黄滋指出：“延庆寺塔底层须弥座形式及较大面积的副阶究竟有何用途，这也是值得探讨的问题。须弥座高 1.14，宽 0.5 米，因为二层以上的塔门有的仅有 1 米高，塔室约 1.8 平方米，难以从容出入，因此须弥座可能起着供台的作用。就是说，底层塔身的六个门内供奉佛像，须弥座上可设置供器香烛，信

① 傅谨、沈冬梅：《中国寺观》，浙江人民出版社，1996 年，第 68 页。
② 参见中国文物研究所、中国社会科学院考古研究所：《吴哥遗迹周萨神庙考古报告》，《考古学报》2003 年第 3 期，第 432 页。
③ 同上书，第 430—431 页。

图 4–22　浙江松阳西屏镇延庆寺塔

黄滋：《浙江松阳延庆寺塔构造分析》，《文物》1991 年第 11 期，第 86 页徒可环绕副阶顶礼膜拜，副阶实际就是一座佛殿。”[①]“副阶实际就是一座佛殿”这句话极为重要，它展示了殿堂有被塔包容、含摄的现实证据。

换一种角度来思考，中心柱窟的中心柱在功能性上可以有多元的解释，它既有礼拜的功能，又形似塔。新疆吐鲁番市鄯善县吐峪沟乡吐峪沟麻扎村的吐峪沟石窟，西距柏孜克里克石窟 20 公里，是新疆位置最靠东的石窟。中心柱窟 K18 被称为“龙王窟”，在崖体上纵向凿出平台和中心柱，中心柱外再包砌土坯（图 4–23）。

一方面，中心柱残高 3.5 米，底平面近乎长方形，但柱体本身又分为上下两层，在距离地表 2.8 米处又向内收分了约 0.35 米，形成一圈平台用于甬道起券。这就给人留下了类似于塔的印象。另一方面，仅就中心柱正面而言，两侧有残存的佛像背屏，呈弧形，中心向内凹进，左右各有一排柱洞，用于安放正面佛像雕塑，背屏下方有石质宝装覆莲座，莲座上抹草拌泥，再刷以白石灰。这就给人留下了礼拜的方便。[②] 所以，从某种角度来说，塔被殿堂化了，塔殿结合的形式使得人们对塔的理解有所推演，塔作为礼拜对象的职能被突出和强化了。相比于塔殿独立，塔殿合一促使佛教单体建筑的含义更为复杂。

不过，塔殿分离是更为普遍的情况。奥地利学者弗兰茨早在其 1979 年出版的《从犍陀罗到蒲甘》一书中提到过“带回廊的佛寺”这一概念。陈晓露继而提出，“回廊是火祆教神庙的特有建筑形式。据德国伊朗学者施普曼研究，早在阿契美尼德王朝的苏萨神庙已建造了回廊。直到贵霜时代的皇家火祆教神殿——苏尔赫·科塔尔神殿仍然在使用这种结构。同时，贵霜时期，中亚出现了平面为方形的佛寺，于是借鉴了火祆教的围廊形式构筑礼拜道，形成了回字形佛寺。这一历史过程最早是在大夏（今阿富汗北部）完成的”[③]。

公元前 2 世纪上半叶，佛教传入了大夏王国，与祆教（也称拜火教）有所接触，贵霜王朝时期更是彼此密合，回形佛寺的结构成为二者融汇生成的结果。至于犍陀罗时期，这一结果生根发芽，开枝散叶，郁郁葱葱。回廊奠定的礼拜行为，所环绕的中心建筑，很有可能是佛塔。

贾玛里尕尔佛塔的形式，看上去更像是印度传统的圆形坟冢，但值得注意的是，在这座佛塔的周边，有一圈环绕佛塔的小佛堂，围成了一个更大的圆形，

---

① 黄滋：《浙江松阳延庆寺塔构造分析》，《文物》1991 年第 11 期，第 85 页。
② 参见中国社会科学院考古研究所边疆民族考古研究室、吐鲁番学研究院、龟兹研究院：《新疆鄯善县吐峪沟东区北侧石窟发掘简报》，《考古》2012 年第 1 期，第 10 页。
③ 陈晓露：《西域回字形佛寺源流考》，《考古》2010 年第 11 期，第 1040 页。

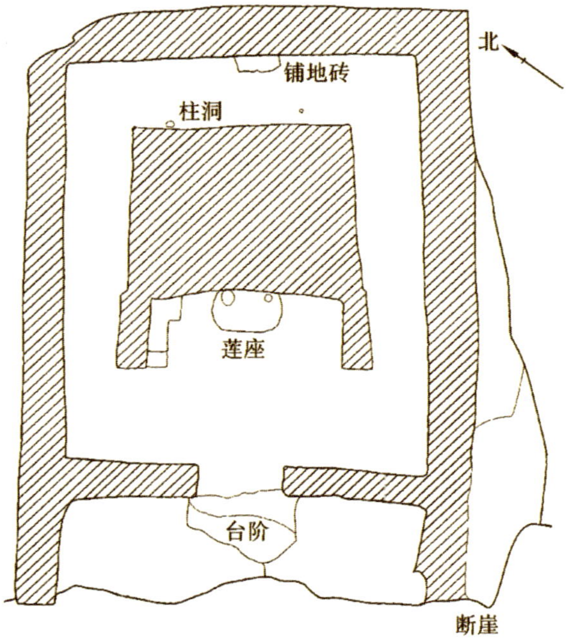

图 4–23 新疆鄯善县吐峪沟东区北侧 K18 窟平面图

中国社会科学院考古研究所边疆民族考古研究室、吐鲁番学研究院、龟兹研究院:《新疆鄯善县吐峪沟东区北侧石窟发掘简报》,《考古》2012 年第 1 期,第 9 页

留出了与佛塔之间的礼拜道，使得信徒足以环绕佛塔，一侧的阶梯更强化了这一礼拜行为。热瓦克佛寺坐落在新疆和田洛浦县城西北 50 公里的沙漠中，其佛寺的中心即是中央大塔。塔的台基为双层十字形，四面的阶道烘托出礼拜的核心，而中央大塔的周边，同样有环绕的回廊。这种形式与塔克西拉的巴玛拉佛寺的形式极为接近。直到米兰佛寺，塔的内圆与祭台的外方已构成了典型的“内圆外方”的格局（图 4–24 至图 4–27）。

至于后代，佛塔才为佛像取代，乃至佛像被“推移”到了佛殿中，带回廊的、回字形的佛寺结构才被中原地区建筑的前后格局前堂后室所改写。所以，塔在中国早期建筑群落中，无疑是建筑整体的中心、重心、核心。

甘肃武威市东南 20 公里的武南镇百塔村有白塔寺，又名百塔寺。1247 年，镇守凉州的蒙古窝阔台汗之子阔端与萨迦派第四任法王萨迦班智达在凉州就西藏归属问题达成协议，阔端重修了白塔寺供萨班居住，萨班称其为“东部幻化寺”，1251 年，萨班逝世，阔端更为其修建了仿西藏噶当觉顿式灵骨塔。该寺元末毁于战乱，明宣德年间重修，赐名“庄严寺”，至于清，俗称白塔寺。萨班灵骨塔在白塔寺中，显然处于整座寺院的重心。事实上，所谓的白塔寺与其说是一座寺院，不如说是一座佛城。这座佛城外围有围墙，围墙中部有马面，四角有角墩，开四门，可以说与同期的城池结构极为类似——完全可以用来御敌、防卫，而与元至元五年（1268）的萨迦南寺相仿，符合藏传佛教政教合一、宗派林立的历史背景。

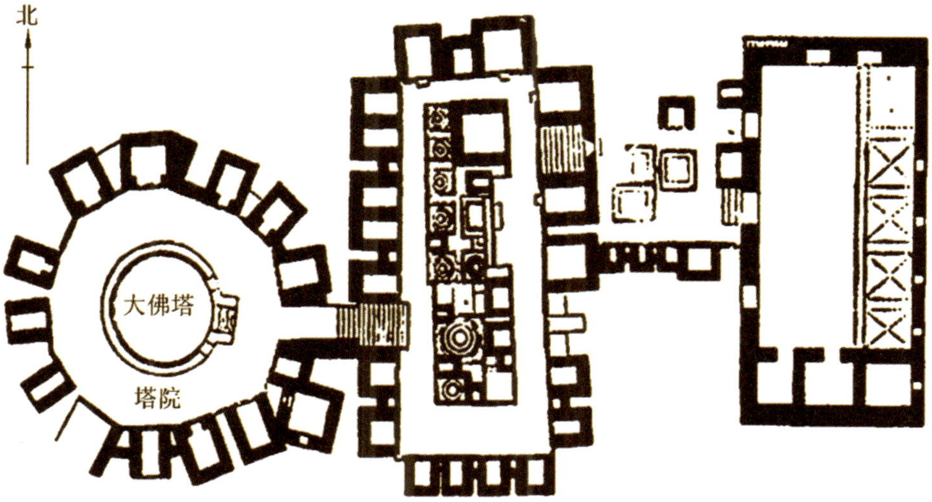

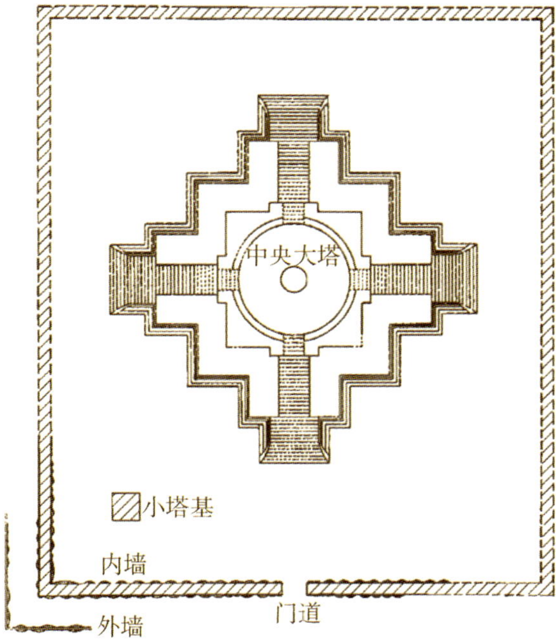

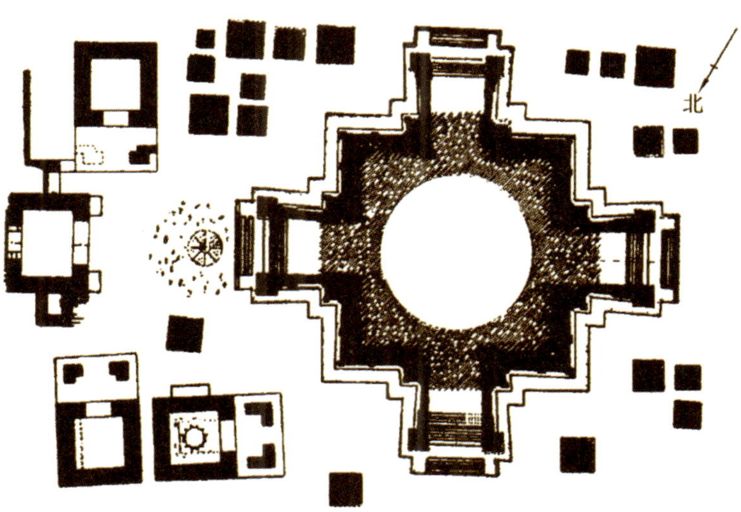

上：图 4–24　贾玛里尕尔寺院平面图

陈晓露：《西域回字形佛寺源流考》，《考古》2010 年第 11 期，第 1044 页

中：图 4–25　热瓦克佛寺平面图

陈晓露：《西域回字形佛寺源流考》，《考古》2010 年第 11 期，第 1045 页

下：图 4–26　巴玛拉佛寺平面图

陈晓露：《西域回字形佛寺源流考》，《考古》2010 年第 11 期，第 1045 页

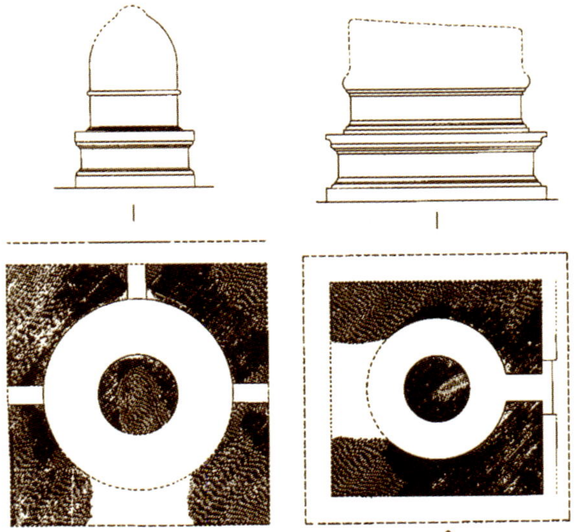

图 4-27　米兰佛寺平面图

陈晓露：《西域回字形佛寺源流考》，《考古》2010 年第 11 期，第 1047 页

在这座“佛城”中，萨班塔的台基之上，仅十字形折角的塔座，夯土筑高就为 3.4 米。① 明宣德年间重修，更将台基加宽，塔座加厚，以青砖包砌，更凸显出噶当觉顿式塔的恢宏。② 萨班灵骨塔标志着西藏正式归入中央王朝，具有其历史意义，它的形制融合在藏传佛教的佛塔传统中，俨然为塔之于整座建筑群之“核心”提供了证明。

新疆吐鲁番市台藏塔遗址地处火焰山南麓木头沟河的三角洲上，是一座主体呈回字形的方形佛寺，东西残长 35.5 米，南北残宽 22.65 米，残高 19.1 米，而塔身平面呈正方形，边长约 13 米。这座塔的四壁厚，最厚处约 12 米，夯筑而成，夯窝直径 7 厘米，深 2 厘米，夯间插细木棍，棍上缠绕芦苇绳。塔身外壁向上逐渐收分，形成了 3 级台阶，从第一级到第三级，高度分别为 7.4 米、5.4 米、6.3 米，级上有阶，有台面。现存的佛龛有 32 个，门位于西南墙中部，宽约 4.5 米。③ 这座回字形的台藏塔寺显然是需要绕塔礼拜的，塔是寺的中心，四周的佛龛亦环绕于塔。④

西藏加查县达拉岗布寺曲康萨玛大殿遗址出土的木护经板，其主体结构为六柱五间，展现出佛殿的样貌，似乎有别于中原殿堂，但仔细观察就会发现，这种构造实则为四柱三间的“升级

① 参见中国社会科学院考古研究所、甘肃省文物考古研究所：《甘肃武威市白塔寺遗址 1999 年的发掘》，《考古》2003 年第 6 期，第 534 页。
② 同上书，第 548—549 页。
③ 参见新疆文物考古研究所：《新疆吐鲁番市台藏塔遗址发掘简报》，《考古》2012 年第 9 期，第 806—807 页。
④ 同上书，第 806 页。

版”，并且，是通过塔来加以强调的。[①]

首先，此六柱五间的宽度是不均等的。正中明间和左右稍间的宽度基本等同，而远宽于左右次间。这在整体上形成了四柱三间的视觉效果。其次，正中明间饰多吉丹塔形龛，龛内主尊为释迦牟尼佛，左右次间为塔形龛内的胁侍菩萨像，左右稍间为四臂护法和不动明王像，又在意义层面构成了一铺五尊的配比。最终，望板之上，佛殿二层，三座庑殿顶小殿之间，还有两座覆钵式佛塔，与外侧所饰的伞盖，恰恰强调出的依旧是四柱三间的格局。无论如何，塔殿的结合是显而易见的，塔不仅可以在视觉上成为殿的立柱、龛形，更可以是殿的灵魂和点睛之笔。

二、自由

以塔为中心的建筑格局描述的是一种以释迦牟尼个人“死亡事件”为核心的建筑理念，它甚至带有某种小乘佛教的“风险”。在大乘佛教的殿堂上，人们信仰的不是释迦牟尼这个“人”，而是一座糅合了各种文化支系的佛“国”想象。佛“国”想象之所以能够串联起各种文化支系，靠的不是释迦牟尼个人的体悟、证道，乃至死亡事件，而是“大空”之“空”的理性建构，“大有”之“有”的知识诉求。无论如何，随着大乘佛教的兴起，塔的“落寞”与“边缘化”，黯然神伤地“离场”是必然的——一场带有“宏大叙事”特征的净土再造“运动”来临了，塔必须“隐退”。

有学者早已指出：“在中土，塔就是塔，寺就是寺。寺中可以有塔也可以没有塔，塔可以建在寺中也可以不建在寺中。这样分离的结果就是佛塔终于能够在一定程度上保持了它作为佛教精神象征的身份，它的精神内涵并没有因为佛寺建筑造型的官署化和山林化而受到太多的破坏。而且也因为佛塔一直都是作为这样的一种象征而存在的，所以，它的造型风格的变化，就意味着人们对这种象征物的感受所发生的变化，意味着中国人的宗教观念的变化。”[②]

以此看来，塔是独立的、超然的，矜持着的“自我”；寺院则是集体的、社会的，要么走向朝堂，要么散在民间，要么化于居室，要么怀抱山野。抛开塔

---

① 参见西藏自治区文物保护研究所、山南地区文物局：《西藏加查县达拉岗布寺曲康萨玛大殿遗址发掘简报》，《考古》2014年第8期，第789页。
② 傅谨、沈冬梅：《中国寺观》，浙江人民出版社，1996年，第66页。

是不是真的能够脱离世俗理念的“分享”和“侵蚀”不谈，塔之所以给人们留下了这样一种印象，其主要缘由是因为它在形式上与寺院的关系不严格甚至松散——对于寺院来说，塔不是必需品，不固定。所以，塔的灵活性不仅表现于其价值论上的多元，也表现在其具体形式、所处位置、坐标的自由度上。

起初，《水经注·河水》引《扶南传》曰：“阿育王坏七塔，作八万四千塔。最初作大塔，在城南二里余，此塔前有佛迹，起精舍，北户向塔，塔南有石柱，大四五围，高三丈余，上有《铭》，题云：‘阿育王以阎浮提布施四方，僧还以钱赎塔。’”①此处提供了关于阿育王所作大塔最基本的位置图形，也即前有北向之精舍，后有南向之石柱，柱上有铭文题刻。精舍与石柱是配合塔存在的。

《艺文类聚》卷六十五之“产业部上”有《园》篇，引《法显记》述及毗舍佉母精舍之构造，“精舍当中央，佛住此处最久，说法度人，经行坐处，亦尽起塔，皆有名字。”②精舍的地位是固定的，位于中央，塔却不确定，与佛相关的印迹、记忆处，皆可起塔。陈允吉等编选的佛经“短偈拾萃”中有这样一首：“起塔立精舍，园果施清凉，桥船以渡人，旷野施水草。及以堂阁施，其福日夜增。戒具清净者，彼必到善方。”③此偈选自佛陀耶舍、竺佛念译的《长阿含经》卷二《游行经》。由此可知，印度佛塔的定位并没有森严的限制——只能起立于寺院内部，反而，寺院本身是一种结构松散的开放性场所，并不会对确立佛塔乃至精舍的具体位置有所干涉。所以，塔很有可能建造在果园里，在精舍旁。

在中国，塔的位置有没有可能是“自由”的？例如，与风水结合。西北有高楼，西北亦有塔刹。《临济语录》曾言“门人以师全身，建塔于大名府西北隅”，庭院中，西北为奥，亦为登高览胜之所。人拾级而上，立于塔上，凭栏远望，庭院的全景尽收眼底。《古今图书集成·神异典·塔部汇考·畿辅通志·永祚寺塔》：“永祚寺在太原府，城东南巽峰上并建，二塔高入云霄，为晋奇观。万历年间，起自堪舆，家言谓塔巽峰则文运兴盛，建后连三科两庠中，或五人或七人或十人，其兆足征也。”④东南为巽，其所依据的更是文王八卦系统。建塔的选址结合堪舆之术，联系风水之征，是塔文化与中土文化融合，塔文化被收摄于中土文化的又一明证。

一个值得注意的细节是，巴尔德萨纳在《阿布德·厄赛波，布讲福音的准备》（吉福德本）中曾经说过这么一句话：“在赛里斯人中，法律严禁杀生、卖淫、盗窃和崇拜偶像。在这一幅员辽阔的国度内，人们既看不到寺庙，也看不到妓女和通奸的妇女，看不到逍遥法外的盗贼，更看

① ［北魏］郦道元：《水经注地理疏证》第1卷，张步天疏证，线装书局，2017年，第14页。
② ［唐］欧阳询：《艺文类聚（下）》，汪绍楹校，上海古籍出版社，1982年，第1161页。
③ 陈允吉、胡中行：《佛经文学粹编》，上海古籍出版社，1999年，第65—66页。
④ ［清］陈梦雷：《古今图书集成》499册（《博物汇编·神异典·塔部汇考》第122卷），蒋廷锡校，中华书局，1985年，第57页。

不到杀人犯和凶杀受害者。”[①]巴尔德萨纳生活于2世纪末到3世纪初，从他的视角来观察中国古人，抑或从他所获得的信息中来观察当时的中国古人，也即赛里斯人，会有何种印象？其中的两条都跟今天所提到的话题有关，其一，赛里斯人不崇拜偶像，其二，在幅员辽阔的中国，看不到寺庙。这两句话对吗？无所谓错对。这只能说明，中国古人给“他者”留下了这样一种深刻印象。这一印象不是巴尔德萨纳个人臆造的，1872年，巴黎迪多书店出版的《希腊历史片段》《伪托克利芒蒂纳的看法》中亦有与此类似的表述，后被朗格卢瓦所注意。[②]无论如何，塔的流行，乃至造像系统的流行，以地域的角度来看待，属于舶来品。所以，塔也必然是允许被转化的，这便是“自由”的代价。

三、前塔后殿

在寺院中，塔重要吗？重要。既然塔重要，摆在什么位置？中轴。

据唐青龙寺的布局可知，塔位于寺内的中轴线上。[③]寺庙三门的台基两侧至今还留有廊基，进入三门，映入眼帘的就是塔，也即今天的塔基，之后才是讲堂、殿堂。所以，塔所在的位置极为重要——不是开门见山，而是开门见塔。这是不是意味着问题已经解决？远非如此，历史比这一答案复杂得多。

事实上，塔参与了佛教中国化的过程。正如芮沃寿所言：“宝塔和寺院的混合见证了印度和本土因素长期、缓慢地结合为一种新的中国佛教建筑，其辉光反映在今天所见到的日本法隆寺的建筑上。同样地，雄伟建筑中满载的塑像和绘画，是本土传统元素与印度、波斯、希腊罗马及中亚元素融合的顶峰。佛与菩萨从他们的宝座上垂视着云集的信众，有着中国人的面容，平静而慈悲的表情是中国人对佛教的生命观和时间观的独特诠释。虽然一些衣服的线条反映了中国人的品味和风格，然而饰物和姿态则取自于印度佛教的造像。不过这是有选择性的。现存的实物清楚地表明中国的佛教艺术家和建筑师此时已摆脱了外来原型的权威，正在创作独特的中国佛教艺术。”[④]佛教中国化的过程是全方位、立体而全面的，不仅涉及佛教教理、教法、教制，还涉及服饰造像、绘画技法，以及佛教建筑风格，尤其是包含佛塔等在内的佛教艺术方面的诸多内容。塔甚至可以称之为佛教中国化的标志之一——塔作为场域，吸纳乃至吐露出了佛教中国化的“语法”。

---

① [法]戈岱司：《希腊拉丁作家远东古文献辑录》，耿升译，中华书局，1987年，第57页。
② 参见[法]戈岱司：《希腊拉丁作家远东古文献辑录》，耿升译，中华书局，1987年，第58页。
③ 参见杨鸿勋：《唐长安青龙寺密宗殿堂（遗址4）复原研究》，《考古学报》1984年第3期，第385页。
④ [美]芮沃寿：《中国历史中的佛教》，常蕾译，北京大学出版社，2009年，第53页。

塔之于佛教建筑的定位和意义总是在不断变迁着，这种变迁的路径大概体现为一种逐步边缘化的过程。浙江宁波唐国宁寺东塔被发掘时，当时的研究团队在总结陈词中便提到："据现今掌握的资料，东南地区，除宁波外，只九江今还尚存唐代砖塔一座。佛教传入中国经历了以塔为中心的塔院、前塔后寺、前寺后塔等历史演变。文献固然有关于双塔的记载，但实例很少，宁波国宁寺是寺前双塔的早期实例。这次又揭示出大开槽、条石垫底、加筑多层夯土的基础做法，砖砌体没有用木为筋。塔的体量较小，无地宫。塔基有双层佛龛。后来加筑散水，南宋更加筑礓礤。"[①]

所谓"礓礤"，也即日常所指的台阶——对国宁寺塔的维护从未停止。[②]就塔之地位变换的三个发展阶段来看，以塔为中心的塔院的时代早已不存，留至今日的佛教建筑，多为前寺后塔之格局；然而，国宁寺东塔遗址的发掘却"倒退"了一步，展示出了前塔后寺的布置。佛寺，尤其是佛殿，塑造的建筑空间往往具有公众性——属于面向众生的空间。与佛殿相比，佛塔沾溉着更为浓厚的"私语化"色彩，更适宜个人的沉思、回忆、观想和体悟；当然，这种"私语化"建筑仍旧是向外开放的，而非封闭性空间。无论如何，在佛教建筑群落中，佛塔逐步后置，而走向了边缘化非中心化，实则是一种佛教由重于"个人"的宗教体验，向重于群体的宗教礼仪，有所"妥协"和"转让"的结果。

这种所谓的"妥协"和"转让"，最突出表现为从前塔后殿向前殿后塔的转换。中轴线终归是中轴线，塔殿位于中轴线上，这没有问题，问题在于孰前孰后。河北临漳县邺南城东魏北齐佛寺塔基是我国发现的唯一一处东魏北齐佛寺方形木塔遗迹，隋唐时期有刹柱的木塔往往需要以日本飞鸟时代法隆寺的五重塔、奈良时代药师寺东塔为参考，而如今的河北临漳县邺南城东魏北齐佛寺塔基填补了历史空白，为此类佛塔提供了最早的实物资料。"邺南城佛寺塔基遗迹临近邺南城中轴线——朱明门大道向南的延长线，暗示了该寺院具有较高等级，其位置应在外郭城范围内。"[③]可知，佛寺、佛塔，极有可能是当时的地标性建筑——能够位于都城的中轴线上，足以表示出其身份的尊贵。[④]

前塔后殿的格局依旧可见。庆州白塔始建于辽兴宗重熙年间，正值辽宋修好之际，亦是辽的鼎盛时期，辽兴宗耶律宗真更是笃信佛教。白塔由"玄宁军节度使检校太师右千牛卫上将军提点张惟保""庆州僧录宣演大师赐紫沙门蕴圭"等"奉宣提点勾当"组织营造，与庆州城的营造班底同一级别。值得注意的是它的位置，该塔所处的塔院正位于佛寺前殿与山门之间显著的中轴线上。这意味着，进入山门，首先映入眼帘的就是这座庆州白塔。[⑤]

① 宁波市文物考古研究所：《浙江宁波唐国宁寺东塔遗址发掘报告》，《考古学报》1997 年第 1 期，第 117 页。
② 参见宁波市文物考古研究所：《浙江宁波唐国宁寺东塔遗址发掘报告》，《考古学报》1997 年第 1 期，第 90 页。
③ 中国社会科学院考古研究所、河北省文物研究所、邺城考古队：《河北临漳县邺城遗址东魏北齐佛寺塔基的发现与发掘》，《考古》2003 年第 10 期，第 870 页。
④ 参见中国社会科学院考古研究所、河北省文物研究所、邺城考古队：《河北临漳县邺城遗址东魏北齐佛寺塔基的发现与发掘》，《考古》2003 年第 10 期，第 868 页。
⑤ 参见张汉君：《辽庆州释迦佛舍利塔营造历史及其建筑构制》，《文物》1994 年第 12 期，第 66 页。

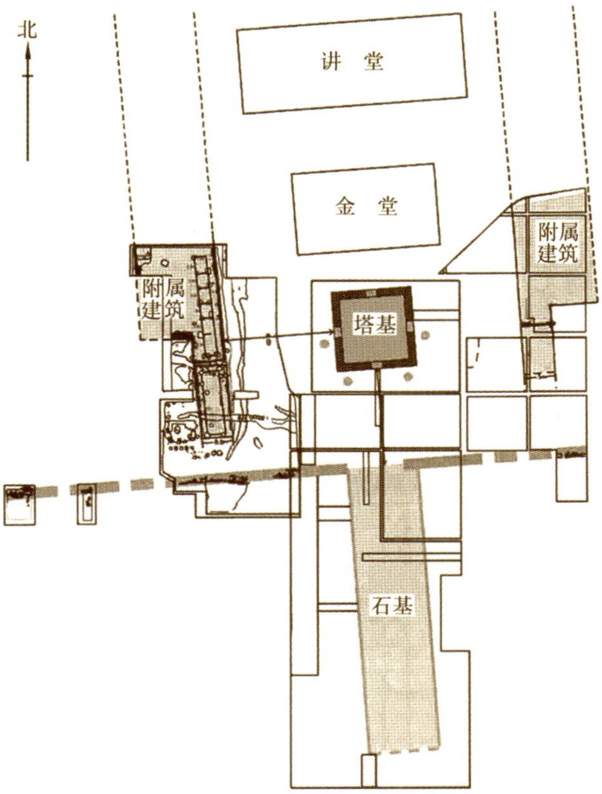

图 4–28 百济扶余王兴寺遗址平面图

杨泓：《中国古代和韩国古代的佛教舍利容器》，《考古》2009 年第 1 期，第 81 页

前塔后堂，沿中轴线排列的格局作为中国早期佛寺的结构特点，对东亚周边地区的寺院体系也产生了深远影响。例如，杨泓即指出，百济“王兴寺的平面布局，是在以周绕寺墙的长方形封闭的平面中，南墙居中是寺门，入内沿中轴线由外至内，前方为方基的佛塔，中间是佛殿（金堂），最后是讲堂。与已发现的百济时期寺庙遗址，如扶余定林寺遗址，还有金刚寺遗址、陵山里古寺址、军守里古寺址等，平面布局均大致相同。将上述百济佛寺遗址与中国北魏洛阳永宁寺遗址对比研究，并结合有关文献的记述，可知都是受到中国南朝特别是萧梁的影响”[①]。（图 4–28）君有南面之术，佛亦有南面之术。寺门、佛塔、佛殿、讲堂，纵深贯彻地渐进而入，境界各有千秋，而佛塔终究是踏入佛门后首先映入眼帘的建筑，它构成了信徒礼拜的第一印象。

再来“回放”一下青龙寺。唐长安青龙寺的 2 号遗址土质纯净，平面呈正方形，长宽均为 15 米，残存深度 1.6 米，从规模看，当为木塔的塔基。塔基中部又有一南北长 4.4 米，北宽 4 米，南宽 4.4 米的直壁方形坑，坑深由现存塔基再向下 1.8 米，当为地宫之所在。[②] 值得注意的是，这座塔基位于中三门遗址的正北 25 米处，而 3 号遗址，也即殿堂遗址，坐落在塔基以北

① 杨泓：《中国古代和韩国古代的佛教舍利容器》，《考古》2009 年第 1 期，第 80—81 页。
② 参见中国社会科学院考古所西安唐城队：《唐长安青龙寺遗址》，《考古学报》1989 年第 2 期，第 235 页。

43米处，南距中三门85米。换句话说，1号遗址中三门，2号遗址塔基，3号遗址殿基，这三座建筑形成了一条南北贯通的轴线，而历代中国本土建筑的定位依据，即建筑组群中轴线的延展。

这意味着唐长安青龙寺的基本格局为前塔后殿——进入中三门之后，首先映入眼帘的不是殿堂，而是佛塔。因此，“早期建筑南为中三门，门内有塔，塔北为殿，殿西（院外）有僧房或厨房等附属建筑，未发现早期的回廊或围墙等遗迹。估计早期的院落范围可能与晚期的相同，或为晚期建廊时所破坏未能发现。早期建筑的布局为前塔后殿，以塔为主体，这种格局是唐以前寺院的主要布局形式。唐初以来，由于释道宣的倡议，建寺则以殿为主，塔则降为次要地位，多建于殿后或殿之左右及别院，成为附属建筑。如慈恩寺和荐福寺等即是例证”[①]。

换句话说，唐长安青龙寺遗址提供的恰恰是在道宣倡导改变寺院格局之前，依稀可辨的前塔后殿的布置。历史是不能假设的，历史也无法改写；但历史应当被了解，被回忆，被还原——信徒面对塔，深入思考的更多的是佛法，必须探究生命直至透悟死亡；信徒面对殿，浮想联翩的更多的是佛教，必然沉湎于情愿以便适应仪典。塔之于殿的转让，与其说是一种佛教传播的代价，倒不如说是一种佛教走上了中国化道路的铁证。更何况，退一万步说，寺院也并不一律皆为“开疆扩土”的原创，直至今天，也还有大量舍宅为寺的现象存在；那么塔，便只有被改写为具有装饰功能的刻石经幢的命运了。

帝王陵中塔的位置值得注意。西夏陵区地处贺兰山东麓中段的山前洪积扇地带，分布有9座帝王陵，260余座陪葬墓，1处建筑遗址和若干窑址，其中，3号陵园是保存最好的一处。从3号陵园的平面图即可看出，陵塔处于陵墓的中轴线后段，与中轴线前段的“献殿”构成了“前殿后塔”的格局。[②] 明清碑刻中的荐福寺、小雁塔全图清楚地表明，塔位于殿后，符合前堂后室之后室的基本格局，且处于全寺的中轴线上——并不是位于四隅角落或隔墙外，而寓示着从生到死、从外到内、从现世到涅槃的超越意境。[③]

把前殿后塔结构放大到极致，而结合了山势的文人画例，可见陈卓的《冶麓幽栖图》。在这幅图卷中，山脉成为佛教整体建筑群分布安置的中轴。[④] 摩揭陀国的僧寺内，群鸿飞过，一只离雁突然掉落，这只雁被认为是菩萨——大雁塔为了纪念这只“雁”，名为大雁塔。大雁塔最初为五层方形，武后时改为七层，代宗李豫又改为十层，经战火破坏，剩余七层，明代塔毁，表面加砌青砖，成今日之形。清初的石刻呈现出了大雁塔的风貌，重点是，塔赫然处在由山门、前殿贯穿的中轴线后部。[⑤] 由此可知，塔在寺院当中位置的挪移，实则是一种人的主动选择。

---

① 中国社会科学院考古所西安唐城队：《唐长安青龙寺遗址》，《考古学报》1989年第2期，第244页。
② 参见宁夏回族自治区文物考古研究所、银川市西夏陵区管理处：《宁夏银川市西夏3号陵园遗址发掘简报》，《考古》2002年第8期，第699页。
③ 参见保全：《从几通碑石看荐福寺、小雁塔的变迁和整修》，《考古》1985年第1期，封底。
④ 参见《中国美术全集》编委会：《中国美术全集》第10册，人民美术出版社，2014年，第202页。
⑤ 同上书，第167页。

结语

塔在中国佛教建筑群体中的定位与价值，为研究中国佛教建筑的内在秩序提供了重要依据。塔可以存在于窟龛中，也可以存在于寺院内。无论是自然的居所，还是人为的建筑，都留下了塔的“背影”。这一“背影”时大时小，时远时近，时虚时实，实则回答了人们的信仰谜题。

中国
佛教美学
典藏

第五章

塔之变义

变义者，乃变现之义。塔作为一种建筑文化现象，其存在究竟有什么实质意义，说到底，还是要落实到人与塔的关系上来谈。人是如何面对塔的？塔中反映了怎样的宇宙图景和人伦逻辑？人固然信仰塔，又如何可能把这种信仰演化为一种艺术的意象和意境？

建筑从来都是一个多面体，从某种程度上说，它既能满足人现实的实用需求，又能实现人想象的心灵幻境。佛塔更是如此，它甚至能够在丰富人自身作为活体的建筑体验的同时，使人洞穿死亡，了悟苍茫生境。那么，人是如何处理自身与塔的关系的？也即首先，人是如何礼拜塔的？神灵可以礼拜，场所怎么礼拜？建筑怎么礼拜？其次，人在礼拜的过程中，如何构建出某种对宇宙的想象，以及某种对自身世界的理解？最终，既然已知佛教传播走向了审美，人与塔之间的关系也必将走向审美——人并没有匍匐在塔前，膜拜塔、畏惧塔、躲避塔，而是以各种艺术形式在讴歌塔、展示塔、热爱塔。那么，艺术又是如何变现出塔永恒的家园的呢？

第一节 绕行、攀登与洒扫

人面对佛塔，需要完成哪些本该完成的礼仪？三种方式为必须——绕行、攀登和洒扫。绕行、攀登、洒扫，皆是动态的，需要身体去践履的活动，而不是静态地观看，抑或较小幅度地跪拜、叩首、作揖。绕行、攀登和洒扫，都关乎塔的“身体”，深入于塔的“构架”。这意味着，人与塔之间的活动，完成的是一种身体与身体的对话，塑造出的是人的身体与建筑的身体相互交流的场域。精神的安顿、灵魂的安宁、内心的超脱等继之而来的心灵体验，是之于“现场”，处在“当下”的动作带来的收获。更重要的是，绕行、攀登、洒扫，这三种活动都不是一次性的，需要屡次践行，循环往复，实时更新，给信徒以种种关于塔的绵长体验，它们是持存的过程。

一、绕塔

围绕，是人对于佛塔特殊的供奉。人供奉塔，是要养护塔，怎么养护？养护不只是通过散花烧香燃灯礼拜等面对面的，相对而言静止不动的行为来完成。养护需要围绕、旋转，需要身体动态的动作来实践。《法苑珠林·敬塔篇·旋绕部》引《提谓经》曾经提到：“旋塔有三法：一、足举时当念足举，二、足下时当念足下，三、不得左右顾视唾寺中地。”[①]“旋塔三法”强调

① ［唐］释道世：《法苑珠林校注》第37卷，周叔迦、苏晋仁校注，中华书局，2003年，第1197页。

的重点，是动作，更是心理与动作的关系。举足便是举足，落脚便是落脚，勿东张西望左顾右盼，念念只是如此。如是念念当下，围绕、旋转的动作模式，与佛塔特殊的形制分不开。

绕行比直面更具体。在这里，人不单向地"面对"塔，所谓的"面对"，实质上是绕行。《太平广记》之"女仙十四"有《慈恩塔院女仙》篇曰："唐太和二年，长安城南韦曲慈恩寺塔院，月夕，忽见一美妇人，从三四青衣来，绕佛塔言笑，甚有风味。"[①]这种绕行是有意义、旨趣、方向的。

它不仅仅是人的做法，还有可能是非人类之禽之兽之神灵的做法。《太平广记》之"异僧一"有《释摩腾》篇曰："相传云，外夷国王尝毁破诸寺，唯招提寺未及毁坏，夜有一白马绕塔悲鸣。即以启王，王即停坏诸寺。因改招提以为白马，故诸寺立名，多取则焉。"[②]绕塔悲鸣的白马，是塔的维护者、守护神。

在更为广泛的传说的世界里，旋转绕行者，不只是信徒，还有舍利。《佛祖统纪》载，"隆化元年，诏修邺都白马寺，佛图澄所造塔得舍利三，盛以宝瓶，广武王邕置水晶钵行道祈请，舍利忽浮水面，右转七匝"[③]。在这里，舍利可浮于水面，"右转七匝"。

另如"水"。《寄归传》云："达亲国方过去迦叶佛寺，穿大石山五重，作之堂殿，皆像物形，百有余座。五百间象形石室，四百间师子形，马形各三百间，牛形二百，鸽形百。上有泉水，绕房而流，其于异相不可言纪。"[④]此处，绕行的客体不是塔，而是房；绕行的主体不是人，而是水。因此，绕行这一行为中蕴含的敬意，所渗透的生命性情感，是人以及塔所难以囿限的，人们甚至可以把绕行理解为比人、比塔、比拜塔更为抽象、更为整体、更为笼统的概念。

所以，绕行是礼拜者前来拜谒，来到佛教场所必须操守的基本礼仪。例如《释氏六帖》有"入寺之仪"，其中，《西域寺图》云："行至佛所，礼三拜，绕三匝，呗赞至，僧房外礼一拜，见上座礼三礼，以见敬故，见非法事不得讥呵，自失善利，舍刀杖，下马去帽。"[⑤]以"三"为数，至于佛所而绕行，是普设的，并非礼拜佛塔的"专利"。围绕塔的日常礼仪，通常在塔下进行，并不登塔。据

① [宋]李昉等：《太平广记》，中华书局，2020年，第378页。
② 同上书，第495页。
③ [清]陈梦雷：《古今图书集成》第500册（《博物汇编·神异典·塔部汇考》第124卷），蒋廷锡校，中华书局，1985年，第7页中。
④ [五代]释义楚：《释氏六帖》第21卷，浙江古籍出版社，1990年，第437页。
⑤ 同上书，第440页。

图 5-1 大足宝顶山小佛湾祖师法身经目塔

重庆大足石刻艺术博物馆、四川省社会科学院大足石刻艺术研究所:《大足宝顶山小佛湾祖师法身经目塔勘察报告》,《文物》1994 年第 2 期,第 5 页

《比丘尼传》之《建福寺法盛尼传二》记载,“十六年九月二十七日。塔下礼佛,晚因遇疾,稍就绵笃。其月晦夕初宵假寐,如来垂虚而下,与二大士论二乘”[①]。

在文献方面,绕塔是有经典依据的。据《释氏六帖》之“绕塔五福”所言:“《提谓经》云:一生常端正,二得好音声,三得生天上,四下生帝家,五终得涅槃。又云:佛在,日与阿难入舍卫城而行乞食时,有婆罗门从外而来见,佛光相巍巍,欢喜绕佛一匝而去。佛言:‘此人却后二十五劫不入地狱恶道,以右绕佛故,绕塔亦然。’”[②]绕塔有哪“五福”?容颜端正,声如洪钟,生天上,生帝王家,得涅槃;绕佛绕塔一匝,“二十五劫不入地狱恶道”,还有什么理由不绕?

旋转、围绕,在密宗仪轨中有更重要的价值。四川大足宝顶山摩崖造像是大足石刻艺术的组成部分,是南宋淳熙年间至淳祐年间,由大足名僧赵智凤主持营造的大型密宗道场。祖师法身经目塔以刻有“六代祖师”像和“十二部大藏经”目录著称,又称为“本尊塔”和“经目塔”(图 5-1)。此塔为三级四方楼阁式石塔,通高 7.91 米,各级结构由塔座、塔身、飞额、塔檐组成。

此塔第二级北面塔身正中雕凿着一圆龛,龛内浮雕毗卢佛如来结跏趺坐像,左右两侧楷书双勾竖刻,左“普为四恩”,右“看转大

① [南朝梁]释宝唱:《比丘尼传校注》,王孺童校注,中华书局,2006 年,第 48 页。

② [五代]释义楚:《释氏六帖》第 21 卷,浙江古籍出版社,1990 年,第 447 页。

藏"。[1]塔的第二级东面圆龛左侧也雕凿着一句话，"假使热铁轮，于我顶上旋"，第二级南面"本师大愿"四字下亦竖刻有"热铁轮里翻筋头，猛火炉中打倒旋，伏请世尊为证明，五浊恶世誓先入"[2]。"转大藏""顶上旋""翻筋头""打倒旋"，充分强调了"旋""转"——类似于绕行的主题。所谓转法轮、转经轮，与绕塔而行的动作高度契合。

转法轮又可称之为相轮，意义在于绕旋，内蒙古巴林右旗的庆州白塔中便有相轮樘。[3]它由五室组成，东西南北各四室，布局严密，位置对等，大小划一，环绕着中室及其刹柱，回应于庄子所谓归于"环中""道枢"之理。正所谓"超以象外，得其环中。持之匪强，来之无穷"，中"空"乃至中"通"的架构，收摄四方；何况外围的圆轮更强化了天圆地方盖天说的隐喻，与须弥之界有所接应。绕旋的行进既是一种烘托，又是一种点题，它还原了宇宙的整体性，并使其本质彰显无疑。

二、登塔

人不仅要绕行于塔，光——光亮、光色，光的流向亦是"缠绕而上"的。道宣《集神州三宝感通录》卷上在记录扶风岐山南古塔时提到："至十日三更，乃臂上安炭就而烧香，懔厉专注曾无异想。忽闻塔内像下振裂之声，往观乃见瑞光流溢霏霏上涌，塔内三像足各各放光，赤白绿色缠绕而上，至于衡桶合成帐盖。"[4]"缠绕而上"可以由两个"动作"来完成，其一为缠绕，塔中之光不是直射的、外溢的、散乱的，而是缠绕成束的；其二为向上，塔中之光不是平铺的、辐射的、晕染的，而是上行合成的；最终，会形成一只五色桶带、帐盖，笼罩佛像。

《法苑珠林·敬塔篇·述意部》开篇首句云："正觉韬光，遗形传于八万。是以塔踊灵山，影留石窟……全身碎身之迹，聚塔散塔之奇，而光曜重昏，福

① 参见重庆大足石刻艺术博物馆、四川省社会科学院大足石刻艺术研究所：《大足宝顶山小佛湾祖师法身经目塔勘察报告》，《文物》1994年第2期，第10页。
② 同上书，第12页。
③ 参见德新、张汉君、韩仁信：《内蒙古巴林右旗庆州白塔发现辽代佛教文物》，《文物》1994年第12期，第8页。
④ ［唐］释道宣：《集神州三宝感通录（上）》，见《大正藏》第52卷，河北省佛教协会，2005年，第407页。

资含识。”[①] 围绕在佛塔崇拜文化中的核心原型，从来都是光影。塔从地下踊现、升起，非自天而降，它依托于大地，且有聚散，而它存在的模式，却与光有关，与日月星辰的照射有关——固为“理想照进现实”的影像。后世关于塔的传奇，也多寄寓于光影，如东晋金陵长干塔之灵异，“大略为瑞多现，圣僧绕塔行道，每夕然灯，于光影中现形在壁，旋转而行。”[②] 灯火摇曳于无明的暗夜，光影在石壁上环行，是塔留给人们的不可磨灭的“希望”。

塔的层级并没有一种固定不变的规律或要求。白化文曾经提到：“塔的层数也有讲究，但各种佛经所说并不统一。一般地说，层数最多的是十三层，象征释尊涅槃后藏舍利的七宝塔。以下则大约是菩萨七层，缘觉六层，罗汉五层，‘不还果’果位者三层，‘一来果’两层，‘预流果’一层。十三层以下七层以上的，大约都是成佛果者的象征。这些数字非出一经，其中有不少矛盾，不可执着。”[③] 经典依据在历史长河中或有出入，在所难免，但塔的层级指称着成佛者的果位却是明确的。这也恰合于塔之登上一层，有一层之境界的表述。层与层之间，是按照果，按照境界来叠加和累积的。登塔过程中，世界不是一次性呈现的，而是如同卷轴一般，一层层地被打开，一步步地被展阅。

贯休《大蜀皇帝潜龙日述圣德诗五首》中有句，“紫髯青眼代天才，韩白孙吴稍可陪。只见赤心尧日下，岂知真气梵天来。听经瑞雪时时落，登塔天花步步开”[④]。最后一句话最为关键，“听经瑞雪时时落，登塔天花步步开”，随着脚步的移动，移步而有动念，而有换景，是与登塔紧密相关的审美体验。

登塔者对塔的稳定性有基本诉求。《梦溪笔谈》曰：“钱氏据两浙时，于杭州梵天寺建一木塔，方两三级，钱帅登之，患其塔动。匠师云：‘未布瓦，上轻，故如此。’乃以瓦布之，而动如初，无可奈何。密使其妻见喻皓之妻，贻以金钗问塔动之因。皓笑曰：‘此易耳，但逐层布板讫便实，钉之则不动矣。’匠师如其言，塔遂定盖钉板，上下弥束，六幕相联如胠箧，人履其板，六幕相持，自不能动，人皆服其精练。”[⑤] 科学的问题只能由科学来解决。钱帅乃钱镠之孙，如何解决对塔动的担忧？加盖钉板，强化层级之间的联系，使塔身如同箱体。

---

① ［唐］释道世：《法苑珠林校注》第 37 卷，周叔迦、苏晋仁校注，中华书局，2003 年，第 1181 页。
② 同上书，第 1210 页。
③ 白化文：《汉化佛教与佛寺》，北京出版社，2003 年，第 227 页。
④ ［唐］贯休：《贯休歌诗系年笺注》上，胡大浚笺注，中华书局，2011 年，第 879 页。
⑤ ［清］陈梦雷：《古今图书集成》第 500 册（《博物汇编·神异典·塔部汇考》第 124 卷），蒋廷锡校，中华书局，1985 年，第 8 页。

无论如何，塔本身必须稳固、可靠。塔不能晃动，更不可飘浮。文中的“喻皓”，预浩也。《归田录》：“开宝寺塔在京师诸塔中最高，而制度甚精，都料匠预浩所造也。塔初成，望之不正而势倾西北，人怪而问之，浩曰：‘京师地平无山，而多西北风吹之，不百年当正也。’其用心之精盖如此，国朝以来木工一人而已。至今木工皆以预都料为法，有《木经》三卷行于世。世传浩惟一女，年十余岁，每卧则交手于胸，为结构状，如此踰年，撰成《木经》三卷，今行于世者是也。”[①]京师诸塔中最高者——开宝寺塔，为预浩所造，却不平正，有倾斜之势，为什么？预浩的解释是，因为京师地平没有山，却多有西北风，“不百年当正也”。这是基于自然的判断，基于环境的判断，基于时间的判断，更是对塔的结构判断——塔的稳定性是以此为基础，奠定而来的结果。

人在塔上，俯览远近，对眼前的世界充满了自信，了如指掌。《画墁录》：“李允则知雄州，兴工起筑州城，又建浮图九层，躬修供具，不日成之，既而下瞰幽级，了然如指诸掌。”[②]李允则（953—1028），字垂范，北宋将领，曾击退过契丹进攻，任瀛洲知州、雄州知州，巩固边防。筑城维护的是百姓的身体，起塔庇佑的是人的灵魂。当李允则站在九层浮图上，下瞰幽级，所升起的悲怆感里，充沛于心的必然不只是景仰佛法的单纯情思，而掺杂着人间流离、沧海桑田的意境。

为什么筑城与起塔往往是同时的？起码在民间信仰的世界里，塔之于城，实有维护之功。《昨梦录》：“滑台南一二里有沙觜横出半河，上立浮图，亦不甚高大，河水泛溢之际，其势横怒，欲没孤城，每至塔下，輙怒气遽息。若不泛溢时，及过滑台城址，则横怒如故，此殆天与滑台而设也。”[③]河神究竟有没有怒气，泛滥到底有没有规律，在城中之人所经历的神秘经验里，都成为塔足以镇压妖魔的经典依据。可以肯定的是，塔“现实”地护持着城作为邑的“盛民”使命。

塔固然高耸，高耸在中国古人的现实体感中，往往有着极为特殊的体验。一方面，从内部结构来说，《朱子语类》有《力行》篇，其曰：“问学如登塔，逐一层登将去。上面一层，虽不问人，亦自见得。若不去实踏过，却悬空妄想，便和最下底层不曾理会得。”[④]问学，追求知识，是可以用登塔来想象的。登塔

① ［宋］欧阳修：《归田录》，李伟国点校，中华书局，1981年，第6页。
② ［清］陈梦雷：《古今图书集成》第500册（《博物汇编·神异典·塔部汇考》第124卷），蒋廷锡校，中华书局，1985年，第8页。
③ 同上书，第9页。
④ ［宋］朱熹：《朱子语类》第1册，黎靖德编，崇文书局，2018年，第167页。

是一种具体的经验，无法替代，更不能用抽象的概念来概括，必须落实到攀登这一动作中去，而有层级，逐级而上，又是这一动作最根本的特点——上一层，自然见到那一层的境界。

另外，《经下》篇又曰：“自明明德至于治国、平天下，如九层宝塔，自下至上，只是一个塔心。四面虽有许多层，其实只是一个心。明德、正心、诚意、修身，以至治国、平天下，虽有许多节次，其实只是一理。”①塔心，实为塔的中空结构。塔虽分层级，但塔的层级都在攀缘塔心而绕行。没有塔心，无所谓层级。一名僧侣攀缘于塔，不同于西西弗斯攀登于山坡，区别正在于此。塔的内部活动，是一种在层级基础上的环行。所以，层级和塔心，缺一不可。

另一方面，从外部形象上来看，《朱子语类》之《里仁篇下》之《子曰参乎章》又云：“如做塔，且从那低处、阔处做起，少间自到合尖处。若只要从头上做起，却无着工夫处。”②可见，塔的外廓形象是一个“三角形”，底平阔而向上渐窄，高处自可合尖，是非常明确的。做底边，正如同做“工夫”。这一比喻恰切、妥帖，足以加深人们之于古人之登塔观念的理解。

《朱子语类·颜渊篇上·颜渊问仁章》：“砥录云：‘却不向里思量，只管问出外来。正明道所谓“塔前说塔”也。’”③之所以有“塔前说塔”，是因为塔前聚集着前来朝拜的芸芸众生——他们对佛法并没有深刻内在的理解。“塔前说塔”，如同尚未入于“堂奥”，尚在塔外，便夸耀其辞。塔能放光，光是自塔内射出的，非塔前跪拜像设的信徒所能彻悟。不过，绕行与否，是礼拜塔与礼拜非塔的根本区别。信徒集中于塔前，只能说明之于塔的礼拜仪式有平面化的成分，单纯地跪拜于塔前，塔也就与殿堂、楼阁、屏风无别。

那么，不做“塔前说塔”，又如何呢？答案是“上塔”。《朱子语类·朱子十七·训门人八》：“明道言介甫说塔，不是上塔，今人正是说塔。须是要直上那顶上去，始得，说得济甚事？”④一言以蔽之，要在实践，在上塔的过程中实践，而不是寄托言辞；登上塔刹，自然一层有一层的见地，自然凌云而济世。

在这里，顺便值得一提的是，塔前一定是礼拜之地吗？不一定。杜甫的《江畔独步寻花七绝句》有，“黄师塔前江水东，春光懒困倚微风”⑤——与礼拜没有直接关系。登至塔顶，极目远眺，看到的怕不只是园林、庭院，更是王城、

① [宋]朱熹：《朱子语类》第1册，黎靖德编，崇文书局，2018年，第234页。
② 同上书，第514页。
③ 同上书，第788页。
④ 同上书，第2206页。
⑤ [唐]杜甫：《杜甫全集校注》第4册，萧涤非主编，人民文学出版社，2014年，第2225页。

天下。萧至忠《奉和九月九日登慈恩寺浮图应制》："天跸三乘启，星舆六辔行。登高凌宝塔，极目遍王城。"[①]在这里，塔几乎可以视为君临天下，仰观俯察的视角和出发点。就连李白的《秋日登扬州西灵塔》也写过："宝塔凌苍苍，登攀览四荒。顶高元气合，标出海云长。"[②]所览者四荒，气势更为苍茫。

三、扫塔

除了旋转、围绕、攀登，人在面对塔时，最重要的"动作"是洒扫。在《西游记》里，"陷虎穴金星解厄　双叉岭伯钦留僧"中，玄奘自知是肉眼凡胎，不识真形，怎么办呢？他立誓："路中逢庙烧香，遇佛拜佛，遇塔扫塔。但愿我佛慈悲，早现丈六金身，赐真经，留传东土。"[③]暂且不论佛有没有可能拜错或塔有没有真假，扫塔这一行为，却是与起塔、绕塔并行不悖的崇敬、礼拜塔的具体方式。这种方式当然不是只有唐僧可以为之，乃普遍之法。《太平御览》之"释部五"有《象》篇，据《洛阳伽蓝记》即有此类讲法，"王即起塔，封四百户以供洒扫。人有患者，以金薄贴象，所患处即得除愈"[④]。可知，起塔之后，洒扫是维护和供养的重要礼仪。

"信仰是温暖，是热情，是整个精神生活的狂喜，是对人的提升。如果不从外部获得能量，人又怎能补充自己的能量呢？单凭自己的力量，不从外部获得支援，人又怎能超越自我呢？人所具有的道德温情的源泉职能来自由人类构成的社会。人能够加以保存和增添的道德力量也是从其他人那里获取的。"[⑤]难道他者不再是"地狱"了吗？如何理解迪尔凯姆与萨特之间的"矛盾"？有一个词特别好，那就是"洒扫"。去除塔上的灰尘，洁净塔的同时，人足以反省他的内心——生活经验中，他者到底是"地狱"还是"天堂"也许并不重要，重要的是如何和一座座"地狱""天堂"相处。人毕竟是立于天地之间的，凭借自己的良知，凭借自己手中的扫帚，便自然能调理出"我"与"塔"、与"世界"的合理关系。

据《释氏六帖》之"扫塔生天"："有人造塔，死得生天，妻常来扫夫所造

---

① 中华书局编辑部点校：《全唐诗》第 2 册，中华书局，1999 年，第 1090 页。
② ［唐］李白：《李太白全集》，王琦注，中华书局，1977 年，第 977 页。
③ ［明］吴承恩：《西游记（上）》，人民文学出版社，1980 年，第 149 页。
④ ［宋］李昉等：《太平御览》第 2 册，上海古籍出版社，2008 年，第 2936 页。
⑤ ［法］迪尔凯姆：《迪尔凯姆论宗教》，周秋良译，华夏出版社，1999 年，第 147 页。

塔，思其夫。夫为下天，谓其妻曰：‘但勤修福，归依佛僧，同生天上。’”[①]在这则夫妻档的传奇里，暗含着一种前后分工的取向：先有造塔，继有扫塔——有创立者，有守成行。扫塔，在某种程度上来说，正是一种坚守“前任”意志的表达。

《释氏六帖》之“生天道福”记载：“佛在，令五百罗汉自说本缘，婆多竭梨曰：‘我过去曾扫佛塔，故感生天，百返乃至，遇佛得果也。’”[②]扫塔能够感而生天，“遇佛得果”，更为“扫”这一动作奠定了信仰的坚实基础。

人在礼拜塔的过程中，是否有可能登临送目，凭高望远，有一个剧中人提供了客观参照，他便是《西游记》里的唐僧，在“金平府元夜观灯 玄英洞唐僧供状”中，记录过这样一处细节：“唐僧对众僧道：‘弟子原有扫塔之愿，趁今日上元佳节，请院主开了塔门，让弟子了此愿心。’众僧遂开了门。沙僧取了袈裟，随从唐僧；到了一层，就披了袈裟，拜佛祷祝毕，即将笤帚扫了一层，卸了袈裟，付与沙僧。又扫二层，一层层直扫上绝顶。那塔上层层有佛，处处开窗，扫一层，赏玩赞羡一层。扫毕下来，天色已晚，又都点上灯火。”[③]烧香拜佛扫塔，是唐僧念念不忘的三大誓愿，崇礼之心“古”已有之，而这其中的一句话“扫一层，赏玩赞羡一层”充分说明，“赏玩赞羡”参与了扫塔的过程，二者并不矛盾，扫塔的身心愉悦里含有登高望远的成分。

既然有扫塔，也就涉及一重疑问，塔中会有灰尘吗？元稹《公安县远安寺水亭见展公题壁漂然泪流因书四韵》：“芰叶迎僧夏，杨花度俗春。空将数行泪，洒遍塔中尘。”[④]此处明确提到塔中有尘。不仅塔中有尘，而且，此尘可以视为时间过往、岁月蹉跎、情感纠葛的沧桑回忆，否则，也就不会有泪水洒落在上面。刘得仁《题山中故静禅师》更提到：“寂灭身何在，门人隔此生。影悬尘已厚，塔种柏初成。”[⑤]厚厚的灰尘，必然与生命的存在有关。

题铭记录的是当时的人事，它或立于塔前，或存放于地下世界。根据乾隆四十六年（1781）《潜山县志》记载，安徽潜山县宋代太平塔为宋佛鉴禅师的道场，住持正蟾、宗寿的题铭即作为修造地宫的青灰色方砖，砌于塔心室的内壁。[⑥]正蟾的题铭方砖边长54厘米，厚6.5厘米，阴文楷书13行；宗寿的题铭

① ［五代］释义楚：《释氏六帖》第21卷，浙江古籍出版社，1990年，第447页。
② 同上书，第447页。
③ ［明］吴承恩：《西游记（下）》，人民文学出版社，1980年，第1057页。
④ ［唐］元稹：《元稹集（上）》，冀勤点校，中华书局，1982年，第93页。
⑤ 中华书局编辑部：《全唐诗》第8册，中华书局，1999年，第6339页。
⑥ 参见汪宗武：《安徽潜山县宋代太平塔地宫的清理》，《考古》2004年第5期，第478页。

方砖边长28厘米，厚5厘米，阴文楷书12行，字数基本相当，尺寸相差近一倍。[1]它们就被埋在地下，既然扫塔是扫地，地如何可能不扫。

无论如何，扫塔是有“历史”依据的，如金农所绘的《香林扫塔图轴》（图5–2）。金农（1687—1764）为扬州八怪之首，最能反映他的艺术境界的是书法。金农的书法糅合了篆、隶、楷、行等笔法于一体，又有魏碑风骨，不走寻常路。金农是五十岁才开始作画的，所以他的画作里没有画匠习气，偏爱放大题款的篇幅，加入他擅长的书法元素。《香林扫塔图轴》便言扫塔，却不见塔，只有一位布衣草履之人背对着观众，洒扫、思考、停驻，以大字题署：“佛门以洒扫为第一执事，自沙弥至老秃无不早起勤作也。香林有塔，扫而洗，洗而又扫。舍利放大光明，不在塔中，而在手中矣。”再往下说下去，那便是不在手中，而在心中了。

① 参见汪宗武：《安徽潜山县宋代太平塔地宫的清理》，《考古》2004年第5期，第479—480页。

佛門以灑掃爲第一執事自沙弥至老秃無不
早起勤作也香林有塔掃而洗洗而又掃舍刹故
大光明不在塔中而在手中矣
蘇伐羅吉蘇伐羅記

图 5-2 《香林扫塔图轴》

第二节 权力隐喻与宇宙图景

今天，当人们提起人如何面对塔这一命题时，必须强调，这句话中的“人”，在更为普遍的意义上，是指向具体的特殊的乃至造塔的人，他是塔的投资者，是帝王将相达官贵人投资者——造塔本身，是一种权力的隐喻，一种人伦秩序的隐喻。与此同时，造塔这一活动，也反映出人对于自然天地的看法，这个世界既是时间的，也是空间的，时空叠合在一起，共同构成了塔所映衬的宇宙图景。

一、权力隐喻

在塔的“身”上，始终难以摆脱的矛盾是，塔同时兼具“物”欲，以及对“物欲”的超越性。

《太平御览》之“释部六”有《塔》篇，引《佛图澄传》曰：“后赵尚书张离、张良家富，事佛起大塔。澄谓曰：‘事佛在于清净无欲，慈矜为心。檀越虽仪奉大法，而贪吝未已，游猎无度，积聚不穷，方授见世之罪，何福报之可希也？’”[1]佛图澄把信仰内在化、精神化了，与此同时，也现实化、世间化了。在他看来，事佛起塔，只是某种外在表现，不具有信仰佛法的实际价值，檀越而已——如果佛法不是一种基于内心的事实，内心化于现世的事实。“张离、张良家富”，是其“事佛起大塔”的前提；如果家不富有，家贫，如何起立大塔？！即便这并不

① ［宋］李昉等：《太平御览》第2册，上海古籍出版社，2008年，第2939页。

能使人们在贫寒与无欲之间画上等号——贫寒并不是获得福报的充分和必要条件。换句话说，塔若起立，首先需要积累、集合、赚取、拥有财富，有物欲。然而，这与事佛的“清净无欲，慈矜为心”，超越于物欲恰好构成悖论。这种带有悖论的两面性始终围绕着塔而现实存在。

在现实生活中，较之佛图澄的忧患，更有甚者——营造塔刹，不惜劳民伤财，《北史》中还有“营塔寺多在高山秀阜，伤杀人牛”①的说法。《旧唐书》：“至若梁武穷心于释氏，简文锐意于法门，倾帑藏以给僧祇，殚人力以供塔庙。”②如果信仰不是普遍、普世的，塔庙的存在也就有可能站在救赎的反面。这一“习俗”根深蒂固，绵延不绝。

在中国古代农业社会的制度文化里，塔的“同义词”“类同项”是信仰，但塔的“反义词”“对立面”不是不信仰，而是“井田”。《颜氏家训・归心》：“岂令罄井田而起塔庙，穷编户以为僧尼也？”③这便发出了根本性的质疑，原本用来耕作的土地被用来起塔，而且，还意味着对最基本的社会政治制度井田的漠视。

佛教建筑所具备的权力意味，正是通过其“镇压”的震慑效应带来的。例如《释氏六帖》之“七处造寺”记载：“太宗破七处大寇立寺。破薛举豳州，立昭仁寺。破霍老生于吕州，立普济寺。破宋金刚于晋州，立慈云寺。破刘武周于汾州，立弘济寺。破王世充于北芒山，立昭觉寺。破窦建德于郑州，立等慈寺。破刘黑泰于洺州，立昭福寺。又幽州计辽回，造回銮寺矣。”④在太宗眼中，寺院本身能够扬善而惩恶，使罪人伏诛。事实上，佛教建筑在整体上塑造出的是一种心灵场域，更类似于一种战争过后打扫战场，“宣示主权”“抚恤人民”的“仁德”之策。

就僧伽而言，开创者立寺，守成者起塔，是师徒从业的普遍规律。立寺与起塔并不同时，往往记录着师徒此前与之后顺序的功德。例如《比丘尼传》之《东青园寺业首尼传十七》，提及业首，乃曰：“元嘉十五年，为首更广寺，西创立佛殿，复拓寺北造立僧房，赈给所须寺业兴立。”⑤增广寺院，可通过创佛殿、造僧房而立业。

至于后继者，“时又有净哀宝英法林，并以立身清洁，有声京县。哀久习禅

① ［唐］李延寿：《北史》第 9 册，中华书局，1974 年，第 2677 页。
② ［五代］刘昫等：《旧唐书》第 12 册，中华书局，1975 年，第 4044 页。
③ ［北齐］颜之推：《颜氏家训》，上海书店，1986 年，第 30 页。
④ ［五代］释义楚：《释氏六帖》第 21 卷，浙江古籍出版社，1990 年，第 438 页。
⑤ ［南朝梁］释宝唱：《比丘尼传校注》，王孺童校注，中华书局，2006 年，第 97 页。

右：图 5-3　山东历城九塔寺九顶塔

《中国美术全集》编委会：《中国美术全集》第 51 册，人民美术出版社，2014 年，第 26 页

诵，任事清允，泰始五年卒。英建塔五层，阅理有勤，蔬食精进，泰始六年卒。林博览经律，老而不懈，元徽元年卒”[①]。通过立身、习诵、建塔、研习教理经律以继业。无论如何，“为立坟刹”这一活动必然不是事前的，而是事后的。具体例证，可见《比丘尼传》之《法音寺昙简尼传十》[②]《法音寺净珪尼传十一》[③]《法音寺昙勇尼传十四》[④]。

敦煌壁画展示出塔的形制在逐步中国化的过程中变与不变的轨迹。就其不变的成分而言，首先，塔是崇高的建筑，高度始终是塔的形制所追求的视觉效果，即便塔只有单层时，也会用基台来奠基，用相轮来增高。其次，塔是信仰之地，塔的起立、塑造是非实用性的，而始终与人的精神信仰有关。再次，塔是与四方、四边相对而言的中心，塔始终不是单面的，这决定了人之于塔的崇拜行为，必然是环绕、旋转。

就其变的成分而言，第一，塔的构造在不断增设着中国建筑的元素，例如门阙，例如檐角，例如楼阁，尤其是楼阁当中一斗三升、四柱三间的结构。第二，塔的精神向往从对死亡、寂灭、涅槃的思考转向了生之礼赞——生命的具在、临显，以及生活的体验、还原。第三，塔中所透露出的生之气息由个体渐渐丰隆为群体化的存在，金刚宝座的五塔塔刹，无疑还原了佛陀个人从生到死的经历，但也同样象征着一个饱含权力意味、阶级密布、层序紧实的社会生态。[⑤]

金刚宝座塔的五座逻辑再往“前”发展，就会产生九顶塔。山东济南历城区柳埠村灵鹫山下，在建于唐代的单层八角砖塔的八角平台上，就置有三层小塔九个，中间突兀，其余八者环立。这种形式的“灵感”大概来自于魂瓶，但更可以视为金刚宝座塔的升级版（图 5-3）。

---

① ［南朝梁］释宝唱：《比丘尼传校注》，王孺童校注，中华书局，2006 年，第 98 页。
② 参见［南朝梁］释宝唱：《比丘尼传校注》，王孺童校注，中华书局，2006 年，第 145 页。
③ 同上书，第 147 页。
④ 同上书，第 158 页。
⑤ 参见敦煌文物研究所考古组：《敦煌莫高窟北朝壁画中的建筑》，《考古》1976 年第 2 期，第 114 页。

蒙古语称纳木错为“腾格里海”，也即天池、天湖，位于西藏自治区当雄县西北方，海拔4718米，总面积1940平方公里，是中国海拔最高的湖，也是西藏面积最大的湖泊。在1991年纳木错最大半岛扎西半岛上发现的洞穴岩壁画中，塔作为重要元素重复出现过，所经历的时长跨越了吐蕃王朝的早期、中期和晚期。这些塔的形制各异，但却完整，基本上属于覆钵形，包含了基台、塔身和塔刹。它们通常位于牧场、猎场的核心位置，是提供给人们辨识其所在场域的标志。①

可是，在权力面前，塔前真的不能说塔吗？《地藏本愿》即言“更能于塔庙前，发回向心”，发心起念没有地域限制，何况塔前，塔后亦可。“悟此事已，便于觉华定自在王如来塔像之前，立弘誓愿，愿我尽未来劫，应有罪苦众生，广设方便，使令解脱。”所以，塔像之前，从来都是信众发愿解脱的重要场所。

塔的“教化”功能，甚至不需要语言，而能够使信徒自发地有所悔悟。《太平御览》之“兽部十九”有《獐》篇，引《北史》曰：“后魏广平王怀，常猎于河北马场间，逐一獐入草，命人围绕，将自射之。田已先经烧，不见其出，遂失獐所在，惟有砖塔存焉。怀乃怅然动仁恕之心，解鹰放犬，遂不复猎。”②这一场景，似乎可以称之为芜草尽，砖塔见。砖塔并不一定就是獐的化身，倒是照见了杀戮生灵的暴力与残忍。“怀乃怅然动仁恕之心，解鹰放犬，遂不复猎”，寓示着众生平等，以及爱护、培养德性的自觉。这一切，都是“不着一字”而完成的。

二、宇宙图景

前文业已提到，在关于塔的崇拜心理里，往往渗透着浓厚的中国本土文化趋吉避凶的基因。据《法苑珠林·敬塔篇·故塔部》记载，“雀离浮图南五十步有一石塔，其形正直，举高二丈，甚有神变，能与世人表作吉凶之征。以指触之，若吉者，金铃响应；若凶者，假令人摇，亦不肯鸣”③。金铃应不应、鸣不鸣，不是重点，重点是，金铃之声是一种吉凶的表征，吉凶作为观念，落实在塔崇拜的行为模式中。但再往前说一步，中国本土文化中的吉凶，不是抽象

① 参见西藏自治区文管会文物普查队：《西藏纳木错扎西岛洞穴岩壁画调查简报》，《考古》1994年第7期，第609、611、616页。
② ［宋］李昉等：《太平御览》第2册，上海古籍出版社，2008年，第4021页。
③ ［唐］释道世：《法苑珠林校注》第38卷，周叔迦、苏晋仁校注，中华书局，2003年，第1223页。

图 5-4 柏林亚洲艺术博物馆所藏窣堵波

[德] 赫尔穆特·吴黎熙：《佛像解说》，李雪涛译，社会科学文献出版社，2003 年，第 177 页

的虚无的概念假设，而存在于具体时空中，也即人生活的“宇宙”中。所以，塔真正反映出的，是中国古人脑海中认知、联想、想象出来的宇宙。

柏林亚洲艺术博物馆所藏的窣堵波（MIK III 538）是克孜尔地区 7 世纪的壁画残片，高 65.5 厘米，宽 29 厘米。它原本被安置在环形石窟回廊的走道里，壁画在整体上由排成一行行一列列的沙门和窣堵波组成。在这幅窣堵波中，塔身中有正在放出圆光的佛陀坐像，类似形制由 2 世纪的帕尔米拉和犍陀罗风格延续而来（图 5-4）。不同于佛塔雕像，这幅壁画作品的特殊性体现在，相轮的顶端有两条在风中飘摆的垂幔，而在更为空旷的“幕布”上，星空点点——它不仅提供了佛塔在礼拜活动过程之中的具体形象，还向人们展示出了佛塔所存在的宇宙论背景。

塔“涌出”大地，有一层隐含而特殊的表意，即“直露”其“形”。常任侠曾指出：“奥里萨派建筑形式的特点，是曲线形球根状的塔，名为‘悉卡罗’。建筑物的表面，有明显的肋条形隆起，中国诗中有‘塔势如涌出’的说法，它正像由一种自发的动作而升向天空。”[①]

中古印度建筑风格的三大流派，除了帕拉瓦王朝统治下的马拉他派、10 世纪后泰密尔人统治下的卡那提克派，就是奥里萨派。这三种建筑流派的共通点在于，大量使用石料、石雕、肋条，奥里萨派尤为突出。“塔势如涌”，何谓“势”？如何“涌”？不只是一种精神想象，一种文人化的对挺拔耸立之景象的比拟，事实上，在现实性上，还是一种对塔之外形的客观描述——建筑物结构性线条的隆起——从外部表面即可直观建筑物的内部结构，从而在视觉上造成一种建筑整体筋肉偾张的感觉。

并没有奥里萨派直接影响中国佛塔修建的证据，但异曲同工的是，通过石料肋条的广泛使用，中国的佛塔同样具有了一种自发升空的动感。这意味着，塔在中国古代建

① 常任侠：《印度与东南亚美术发展史》，安徽教育出版社，2005 年，第 57 页。

筑文化家园里的意义，不只是主题添加，“植入”了思考死亡这一“基因”那么简单，塔所代表的意义更多且更复杂，它寓示着形式的葱茏，它在形式结构上是中国古代建筑文化的一份珍贵遗产。

塔从地涌出没有问题，问题在于，所谓“地”，通常是有特指含义的——特指泉。道宣《集神州三宝感通录》卷上在记载怀州妙乐寺塔时提到，“古老相传，塔从地涌，下有大水，委莫真虚。有刺史疑僧滥饰，乃使人傍掘其下，至泉源犹不尽其基际也”[①]。塔，实则建立在大地的涌泉之上，换句话说，大地不仅涌出了泉水，也涌出了佛塔。另如魏州临菑黄塔，“传云：舍利真塔在水内空中”。更是以水作为媒，树立了如“建木”“扶桑”一般的“通天塔”，维系天地、上下。

塔的层级是否一定是奇数抑或偶数，得出结论最难的部分不是罗列“数目”，而是考察“变化”——塔的层级经常会根据具体情形而有所改动。《凌霄塔》：“华藏寺在马鞍山顶，后有凌霄塔。梁天监中僧慧向创建，明嘉靖末僧曙严行人方圆静相继募修。旧止五级，至是增级为六。万历三十二年僧净心重修，益增级而七，后渐圮。”[②]五六七，及至坍塌，“与时俱进退”，沧海桑田，何以为确切之数，难以判断，只能依据具体的经验。毋论层级，塔裂，后又复合，都是极为常见的。例如《千寻塔》：“大理府千寻塔在崇圣寺上，有铁铸字，识云贞观间，尉迟敬德监造正统九年，地震塔裂，旬日复合。”[③]

在现实世界里，塔的层级为奇数，这一规律并不严格。《太平御览》之“释部六”有《寺》篇，引《建康实录》曰：“晋许询舍永兴、山阴二宅为寺，家财珍异，悉皆是给。既成，启奏孝宗。诏曰：‘山阴旧为祇洹寺，永兴居为崇化寺。’造四层塔，物产既罄，犹欠露盘、相轮。一朝风雨，相轮等自备。时所访问，乃是剡县飞来。”[④]此处明确提到了“四层塔”。

四层塔在文人的画作里也隐约可见。清代画家黄璧（1720—1780）所作的《山水图轴》中，有一座如同在云端、幻境中的塔，便是四层（图5-5）。另据《比丘尼传》之《北永安寺昙备尼传六》记载，昙备的“弟子昙罗，博览经律，机才赡密，敕续师任，更立四层塔，讲堂房宇，又造卧像及七佛龛堂云”。[⑤]其所立塔亦为四层。云南大理崇圣寺三塔位于大理城西北的点苍山麓，小岑峰下，

① ［唐］释道宣：《集神州三宝感通录（上）》，见《大正藏》第52卷，河北省佛教协会，2005年，第409页。
② ［清］陈梦雷：《古今图书集成》第499册（《博物汇编·神异典·塔部汇考》第122卷），蒋廷锡校，中华书局，1985年，第59页。
③ 同上书，第58页。
④ ［宋］李昉等：《太平御览》第2册，上海古籍出版社，2008年，第2941页。
⑤ ［南朝梁］释宝唱：《比丘尼传校注》，王孺童校注，中华书局，2006年，第18页。

图 5–5 《山水图轴》

原崇圣寺前。这三座塔的层级皆为偶数级。“主塔为四方形十六级密檐砖塔，又名千寻塔，残高 59.6 米。南北两塔相峙于主塔之西，为八角形十级密檐砖塔，两塔相距 97.5 米，与主塔相距各为 70 米，三塔鼎立，极为壮观。”[①] 中央主塔十六级，两翼辅塔各十级，均不同于常见的十三级、九级惯例。所以，塔的层级必然受到了中国阴阳五行所构成的宇宙观念之影响，但存在个案和特例。

如果只是远观而非近察，塔留给人的模糊印象，是它的层级，更是它覆“盖”的形状。道宣《集神州三宝感通录》：“云中有僧执锡住立，既至便灭，远看还见。傍有土塔三重，上如覆釜，不知是何。”[②] “釜”，古炊具，即“锅”，远远地看上去，塔不过是一口倒扣的锅而已，这与天圆地方的盖天说恰好符合。

《释迦方志》云：“有大山寺，罗汉所造。石室高百尺，有石像，上有石盖七重相，去三尺空中悬住，随人旋转。有说愿力，或云药力，或云咒力、威神力等，莫测所以。”[③] 旋转作为一种环绕，不是拜塔者的“专利”，毋宁说旋转揭示了天体运行的秘意，而拜塔者是在模仿这一规律，揭示者、模仿者众，拜塔者仅为其中之一，另如“石盖”。文中的“石盖”七重，空中悬住，而能够随人旋转，何以至此？受愿力、药力、咒力、威神力驱使？不得而知，但随人旋转却是一个最终呈现出来的事实。

值得注意的细节是，此处石盖的形制并不一定是圆形——七重，既可以是圆形，也可以是方形，抑或其他形制。所谓旋转、绕行，并不一定是走圆形“道路”。所以，“石盖”的重点在于“盖”，在于它具有覆盖性。“天如盖”，在价值论上，比“天圆”更重要。“圆”与其说是一个名词，不如说是一个动词。另如《西域记》云：“有罗汉母，终却生为女，罗汉教化，令成圣果，造寺救之，佛上石盖空悬七重，随人转。”[④] 表述的是同样的逻辑，“石盖”乃其核心关键词。

塔是一种时间与空间的组合，这一点，尤为突出地表现在“塔刹”身上。每座塔的塔顶，称为塔刹。刹那生灭，原本属于一种时间概念，但它同时表述了一种空间概念——“佛国”。白化文指出：“塔刹是全塔最高的部分，冠表全塔，因而用了‘刹’字。它的意思是土田，代表一个佛所掌握的一处国土，也称之为佛国。塔刹是用来收结顶盖的，但人们对它做了精细的艺术加工，并赋

① 云南省文物工作队：《大理崇圣寺三塔主塔的实测和清理》，《考古学报》1981 年第 2 期，第 245 页。
② ［唐］释道宣：《集神州三宝感通录（上）》，见《大正藏》第 52 卷，河北省佛教协会，2005 年，第 409 页。
③ ［五代］释义楚：《释氏六帖》第 21 卷，浙江古籍出版社，1990 年，第 436 页。
④ 同上书，第 437 页。

予许多象征意义，使之玲珑挺拔，高插云天。”[①]“刹”作为一个词，既可以表述极短促的瞬间，又可以是“刹多罗”的省略称法，即为“土”“土田”。“刹”不只是用在佛塔身上，佛寺本身亦可称之为“刹寺”“古刹”。所以，用“塔刹”来指称“塔顶”，实则是对于塔糅合时间与空间的强调。为此，它可以由刹竿、相轮、圆光、仰月、宝盖、宝瓶、宝珠合成。

结合中国本土建筑形式，这和“十”字、“亚”字之“中”有关。在中国本土建筑形式中，十字建筑最典型的形式是亭。十字亭寻常可见。1984 年 3 月，在四川成都城北驷马桥以北约 1.5 公里处发掘的五代后蜀孙汉韶墓中，就出土过一件灰陶制作的陶亭，平面呈现亚字形，有十字顶。[②]类似十字亭并不通透，但有向背，有前后，有左右。[③]塔所反映出的宇宙图景是全面的，有天地有时空，有上下前后左右，它所呈现出的是一幅全息的宇宙图景。

① 白化文：《汉化佛教与佛寺》，北京出版社，2003 年，第 227 页。
② 参见成都市博物馆考古队：《五代后蜀孙汉韶墓》，《文物》1991 年第 5 期，第 15 页。
③ 同上书，第 20 页。

第三节 艺术的多元表达

在中国古代文人的世界里，塔最大的特征是，可以被心灵化。王因为塔是可以被心灵化的，所以塔是可以被艺术化的。正因为塔是可以被艺术化的，所以塔在中国古代文人的笔下，乃至庙堂和民间社会里，有着各种各样、丰富而多元的艺术表达。

一、公众活动

敦煌莫高窟第 296 窟北顶壁画中的《造塔图》（图 5-6）清楚而生动地还原了塔刹现场施工的过程：由多人协作的塔身构造不是一次性铸造的，而由砖石垒砌叠加渐成，增设高度是造塔最关键的步骤，在场的六名工匠彼此合作，正在使塔的高度不断攀升。

也就是说，造塔是一种社会行为，绝非由一己之力，仅凭个人之念完成。人们为什么要造塔？主要目的是祈福——这幅《造塔图》实则为《福田经变》的起始。《福田经变》是根据西晋沙门法立、法矩共译的《佛说诸德福田经》绘制的，这部经中，天帝释问佛，如何获得无量之福报？得到的七条答复中，第一条即修建佛教建筑。所以，“画面一开始就是建佛图（塔），六个赤裸上身穿犊鼻裈的泥工，正在修建一座两层的砖塔，一人和泥，两人砌砖，两人送料，另一人在扬手指挥”①。

① 史苇湘：《敦煌莫高窟中的〈福田经变〉壁画》，《文物》1980 年第 9 期，第 44 页。

上：图 5-6　敦煌莫高窟第 296 窟北顶《造塔图》

敦煌文物研究所考古组：《敦煌莫高窟北朝壁画中的建筑》，《考古》1976 年第 2 期，第 119 页

下：图 5-7　敦煌莫高窟第 296 窟壁画片段

史苇湘：《敦煌莫高窟中的〈福田经变〉壁画》，《文物》1980 年第 9 期，第 44—45 页

接下来呢？接下来还是在建造佛教建筑（图 5-7）。“下层正在建筑一座小佛堂，庑殿起脊屋顶，下面有砖砌台基，四周围以栏楯，东面有阶陛直达大门。东西两面各有一身着裤褶的画工正挥笔作画。屋顶上有上身裸体的泥工，正接房下另一泥工用长杆递上来的泥料，预备给即将完工的佛堂作最后的修整。”[①] 可知，无论建造佛塔还是佛堂，都是人们获取福报的善业——人们会在这种集体劳动中充盈内心的法喜，而满怀希冀。

类似建筑现场施工的场景在敦煌莫高窟中不止一处。“隋开皇四年（584）建造的 302 窟，人字披西披下端的《福田经变》，从北到南画了‘伐木’、‘建塔’、‘筑堂阁’、‘设园池’、‘施医药’、‘置船桥’、‘作井’、‘建精舍’等情节。其中‘伐木’是‘建塔’、‘筑堂阁’的一部分。三个穿犊鼻裈的伐木工人，正在为营建寺塔备料。运斧斫树，肩扛木材的形象画得十分生动。一座两层、四门，中心置相轮的塔正在施工，塔檐上一人正在修塔檐，另一人正在用滑车吊运材料。墙下一人在抹墙，另一人执矩尺在指挥工作。”[②] 这些建筑活动和建筑本身都属于艺术范畴。

塔在各种礼拜仪式中的出现和流行，在价值论上，与其说意在推动个人对佛学进行更深刻地介入、省思和考量，不如说“客观”地渲染和强化了佛教教义的神秘主义基调——塔必然在审美而非思性上，铺垫和架构起了信徒对涅槃、对彼岸的想象。正如赫尔穆特·吴黎熙所说：“自窣堵波形成以来，象征手法之运用在佛教艺术中便起着举足轻重的作用，时至今日，我们依然可以

① 史苇湘：《敦煌莫高窟中的〈福田经变〉壁画》，《文物》1980 年第 9 期，第 44 页。
② 同上书，第 45 页。

在佛教的遗迹中看到这些具有象征意义的图案，但这也常常使西方的禅师者们误解，或错误地解释其含义。这一象征手法之运用，表达了组成佛教诸多因素中的一个部分，成为了在公元前3世纪这一宗教的教义自我形象。它从很早就有了神秘宗教之特征，这特别是在后来北传的大乘佛教和喇嘛教中得到了很大的发展。"[①]"神秘"一词，非但不是"思"的效应，反倒是"不思"的结果，抑或是因象征而生起的情绪"迷思"渐次烘托导致的"场域"。在这一意义上，艺术发挥了不可忽略的巨大潜力——佛塔，从某种程度上来说，是一件艺术品，它激发出的是人们在仪式中"谐振""共生"的审美体验，裹挟着信徒在个人静思和反省中缓慢生长以致易于逝去的内心焦虑。西方禅师的"异解"，实乃脱离于佛塔产生的"语境"，以线性逻辑来思辨佛塔必将走向误区的明证。

佛塔的审美诉求最为集中的体现，无疑是花塔。段玉明指出："花塔的主要特征是在塔身的上半部装饰各种繁复的花式，远观犹如一个巨大的花束。花塔的装饰内容由简到繁，丰富多彩，既有巨大的莲瓣、密布的佛龛，也有各种佛像、菩萨、天王力士、神人以及狮、象、龙、鱼等动物形象和其他装饰。有些花塔还涂上各种色彩，富丽堂皇。"[②]花塔主要流行的年代在宋金，典型实例可见河北正定广惠寺花塔。如是花塔之所谓"花"，集中于塔身部分，尤其是塔身的上半部分，约占塔身高度的三分之一——"花"既没有用来装饰塔基，也没有用来装饰塔刹。塔身表面的表现空间更大，更适应于人的视觉取舍。这意味着，如果说塔身是立于天地之间的，那么花塔企图塑造的，正是这人间天堂的意象——繁复而聚在，富丽而华美。

佛塔之上，并非朴素无文，而由壁画来装饰。《太平广记》之"画一"有《王廙》篇，引《名画记》曰："晋王廙字世将。琅琊临川人。善属词，攻书画。过江后，为晋朝书画第一。音律众妙毕综。元帝时为左卫将军，封武康侯。时镇军谢尚于武昌乐寺造东塔，戴若思造西塔。并请廙画。"[③]唐朝著名画家，除王廙外，张僧繇、郑法士、尉迟乙僧、王维、吴道子等，无一不为寺庙塔院作画。

据《唐画断》的记载，王维的《辋川图》原本是一幅壁画，"今京都千福寺西塔院有掩障，一画枫戍，一图辋川。山谷郁盘，云水飞动，意出尘外，怪生笔端"[④]。最初，王维在京都千福寺西塔院的掩障上绘制了《辋川图》，后世所传，

① ［德］赫尔穆特·吴黎熙：《佛像解说》，李雪涛译，社会科学文献出版社，2003年，第25页。
② 段玉明：《中国寺庙文化》，上海人民出版社，1994年，第206页。
③ ［宋］李昉等：《太平广记》，中华书局，2020年，第1357页。
④ 同上书，第1364页。

乃临摹之作。《辋川图》与塔院的建筑形制结合在一起，《辋川图》是佛塔文化的有机组成，与佛塔有密切关联。事实上，当时佛塔绘画的题材广泛、主题丰富、风格各异，其与题诗、题文相映成趣，既是印度文化与中国文化古往今来相融互摄的“缩影”，又是庙堂与文人，寺观与民间，不同身份不同类别的“圈层”彼此交织共生的“景象”。

《卢氏杂谈》云：“又西明慈恩多名画。慈恩塔前壁有湿耳狮子趺心花，为时所重。圣善敬爱，亦有古画。圣善木塔院多郑广文画并书。敬爱山亭院有雉尾若真。砂子上有进士房鲁题名处。”① 所谓凹凸晕染，在今天看起来不足为奇，只是一种客观画法而已，在当时却具有异乎寻常的“神学”效应。《太平御览》之“释部六”有《寺》篇，引《建康实录》曰：“寺门遍画凹凸花，代称张僧繇手迹，其花乃天竺遗法，朱及青绿缘所成，远望眼晕如凹凸，就视即平，世咸异之。”② 远望凹凸，就视即平，这种带有魔幻色彩的现实主义画法在宗教背景下对信众而言，无疑引发着无尽的遐思、想象与神异力量。

建筑为佛法提供了栖身之所，僧侣也参与到建筑过程中。蔡羽《石湖草堂记》中有句话说，“辛亥之秋，今天子践阼之初，治平僧智晓方谋卜筑，事与缘合，乃诸文士翕至赞助，经画不终朝而成。”③ 石湖草堂在石湖西北茶磨屿，正是由治平寺僧智晓倡导，建于正德十六年（1521），次年六月落成，文徵明题匾额，王宠邀蔡羽作记，而有了此篇。为什么一定要有这座草堂？因为“造物者必有待也，使无是堂，则游焉者不知其所领，倦焉者不知其所休，是湖与山终无归也”。④ 建筑的意义就在于使人有所“领”，有所“休”，而有所“明”。质言之，建筑提供给人以观照自然万物的门径和契机，而僧侣亦是厕身其间的。另如徐枋《思乐亭记》之“筑亭为崇祯丁丑岁，当时轩窗四启，古木幽花杂于砌间，阅四十余年，倾圮摧朽，几不可撑支，寺僧晟公捐赀重葺，今更完好，然无复旧观矣”⑤。说的是同样的道理。崇祯十年（1637），徐汧筑室于治平寺，徐枋乃徐汧之子，四十年后，寺僧重葺，徐枋题思乐亭并作记，多多少少都有了些沧海桑田的味道。

起塔造庙属于公众行为，个人禅修无法构成“打击”和消解力量。《旧唐

① ［宋］李昉等：《太平广记》，中华书局，2020 年，第 1368 页。
② ［宋］李昉等：《太平御览》第 2 册，上海古籍出版社，2008 年，第 2941 页。
③ ［明］蔡羽：《石湖草堂记》，见王稼句编注《苏州园林历代文钞》，上海三联书店，2008 年，第 137 页。
④ 同上。
⑤ ［清］徐枋：《思乐亭记》，见王稼句编注《苏州园林历代文钞》，上海三联书店，2008 年，第 140 页。

书》："如佛所言，则陛下倾四海之财，殚万人之力，穷山之木以为塔，极冶之金以为像，虽劳则甚矣，费则多矣，而所获福不愈于一禅房之匹夫。"塔庙是"外在"的，类似于内心禅修的旁观者，没有"直截性"。所谓塔院，既为公众场所，也难免成为鱼龙混杂的交汇地，尔虞我诈的名利场——在这里，看到的是天下还是皇权，是佛性还是欲望，是吹捧还是痛斥，是沉吟还是表演，弱水三千各取一瓢饮。

徐夤《塔院小屋，四壁皆是卿相题名，因成四韵》："雁塔搀空映九衢，每看华宇每踟蹰。题名尽是台衡迹，满壁堪为宰辅图。鸾凤岂巢荆棘树，虬龙多蛰帝王都。"[①] 题壁是真实而客观的，通过塔院，足以看得到鲜活的众生相。

佛教建筑本身无所谓私人空间。以最有条件成为私产的僧房为例，《释氏六帖》之"寺舍塔殿部第四十四"（寺中称最）有云，"僧房各九焉，一一房中可方丈许，后面通窗，其门扇户皆相望，不许安帘，出外平观，四面皆睹，互相检察，不容片私"[②]。僧房不可为私产。塔之所在，必为公众空间。

塔总给人远离尘嚣的印象，一如宋之问《灵隐寺》所言，"扪萝登塔远，刳木取泉遥"[③]。远处的塔依稀可辨，需攀缘藤萝才可接近，必在山巅，以避免俗世的纷扰。但事实上，塔是参与到科举活动中的。《唐摭言》："其都会谓之'举场'，通称谓之'秀才'，投刺谓之'乡贡'，得第谓之'前进士'，互相推敬谓之'先辈'，俱捷谓之'同年'，有司谓之'座主'，京兆府考而升者谓之'等第'，外府不试而贡者谓之'拔解'，将试各相保谓之'合保'，群居而赋谓之'私试'，造请权要谓之'关节'，激扬声价谓之'还往'，既捷，列名于慈恩寺塔谓之'题名'，大宴于曲江亭子谓之'曲江会'，藉而入选谓之'春关'，不捷而醉饱谓之'打毷氉'，匿名造谤谓之'无名子'，退而肄业谓之'过夏'，执业以出谓之'夏课'，挟藏入试谓之'书策'，此其大略也。"[④] 这其中，雁塔题名，是报捷的首要程序。"进士题名，自神龙之后，过关宴后，率皆期集于慈恩塔下题名。"[⑤] 所以，围绕着塔的艺术必然具有公众性。

---

① 中华书局编辑部：《全唐诗》第 11 册，中华书局，1999 年，第 8238 页。
② ［五代］释义楚：《释氏六帖》第 21 卷，浙江古籍出版社，1990 年，第 436 页。
③ 中华书局编辑部：《全唐诗》第 1 册，中华书局，1999 年，第 655 页。
④ ［唐］王定保：《唐摭言》，阳羡生校点，上海古籍出版社，2012 年，第 3 页。
⑤ 同上书，第 19 页。

二、心灵化

然而，在中国古代文人的心中，塔是可以被心灵化，存在于人的意念中的，而且，很有可能是人在顿悟过程中脑海里乍现的结果。

道宣《集神州三宝感通录》卷上在记叙西晋会稽鄮塔缘起之时，便提到并州离石人刘萨何以弋猎为业，后出家为慧达，勤求礼忏的故事。“达悲塞烦惋投告无地，忽于中夜闻土下钟声，即迂记其处剡木为刹。三日间忽有宝塔及舍利从地踊出，灵塔相状青色似石而非石，高一尺四寸，方七寸，五层露盘，似西域于阗所造。”①“剡”为多音字，可读为“善”，为地名，为水名，如“剡溪”；亦可读为“演”，为刮、削的意思。所以，“剡木”，指的是“削木”。这一行为与起塔无关——“宝塔及舍利从地踊出”这一动作，仅仅出现在慧达的意念世界里，属于慧达的精神“产品”，实为幻觉，幻有而已，可谓“灵塔”。

不过，从信仰者的角度来看，“斯可谓神功圣迹。非人智所及也”②。“从地踊出”出自以下讲法：“《舆地志》云：阿育王释迦弟子，能役鬼神，一日夜于天下造佛骨宝塔八万四千，皆从地出。”③“从地踊出”，表明一种神迹与神迹的接应，但这只是一种追根溯源、以述来由的思路，并不意味着塔就一味地“依附”于大地了。“东晋丞相王导云：初过江时，有道人神彩不凡，言从海来相造，昔与育王共游鄮县下真舍利起塔镇之。育王与诸真人捧塔飞行虚空入海，诸弟子攀引，一时俱堕化为乌石。”④大有一番云中仙意味。

塔固然是可以脱离于地表的。人坐于塔上，不仅能够开坛说法，亦可内省自修。李益《哭柏岩禅师》：“遍与傍人别，临终尽不愁。影堂谁为扫，坐塔自看修。”⑤塔的价值，并不完全在于提供某种公众社团生活的场所，塔还有使人朝向自我、含容历史、收摄生命、使心性内敛通廓的一面——它亦可以是个人性的。

柏林亚洲艺术博物馆所藏的还愿窣堵波（MIK I 1142a，b 和 1121）是 9 世纪波罗时代信徒用来供奉和礼拜的制品，在孟加拉比哈尔的伽耶寺遗址中被发现（图 5–8）。这件窣堵波为瘦长形，九层相轮尤为显著。窣堵波上的洞龛，它

---

① ［唐］释道宣：《集神州三宝感通录（上）》，见《大正藏》第 52 卷，河北省佛教协会，2005 年，第 404 页。
② 同上书，第 404 页。
③ ［南朝］顾野王：《舆地志辑》，顾恒一、顾德明、顾久雄辑注，上海古籍出版社，2011 年，第 375 页。
④ 同上。
⑤ ［唐］范之麟：《李益诗注》，上海古籍出版社，1984 年，第 72 页。

们象征着佛陀一生经历过的重要场景——甚至包括一尊卧佛，也即佛陀涅槃时的场景——佛陀手施各印，用象征性的符号来表述场景的确切含义。这样一尊窣堵波，除供奉、礼拜、还愿的功能外，具备双重含义，也即它有可能成为曼荼罗和有可能成为信徒禅定的对象——它提供了曼荼罗那被神秘化的艺术象征笔法，以及信徒禅定对象所需要的活生生的、丰富的生命体验过程、履历、阶段。

《岐山县志·金刚经塔》："每层栏楯上皆巧刻佛字，景陵钟伯敬惺所书也，人争搨之。"①人们提到钟惺，总会把他与谭元春置于一处，史称"竟陵派""钟谭"，赞叹他们"独抒性灵"的文风及文学成就，事实上，虽然钟惺并不长寿，但他的晚年与佛教非常亲近。他甚至还撰述过《楞严经如说》，推崇净土、华严，所以，言其在"每层栏楯上皆巧刻佛字"，是可信的。

图 5-8　柏林亚洲艺术博物馆所藏还愿窣堵波

［德］赫尔穆特·吴黎熙：《佛像解说》，李雪涛译，社会科学文献出版社，2003年，第 143 页

文人与佛寺的接触，使得文人被佛教化的同时，佛教也被文人化了。佛塔艺术的立体、多元、丰富，也恰恰是如是双向互摄、彼此融合的结果。确切地说，塔恰恰成为文人骚客、风雅之士徘徊居留的重要场所。一如裴迪《西塔寺陆羽茶泉》："竟陵西塔寺，踪迹尚空虚。不独支公住，曾经陆羽居。"②陆羽的茶、泉，离不开竟陵西塔寺。

松江府奉贤县知县阚凤楼，写过一篇《惠荫园八景小记》，共记"柳荫系舫""松荫眠琴""屏山听瀑""林屋探奇""藤崖伫月""荷岸观鱼""石窦收云""棕亭霁雪"八景，最后一景最有趣，写的是"玩雪"。其曰："玩雪景，最宜远旷，园林每苦无隙地，则棕亭尚已……盖极目则顾山蓉岭均鬟鬏在望也，俯视烟火万家，接于栏楯，白塔巍然，与虎丘断塔明灭斜阳烟际。"③在阚凤楼看来，雪景如何玩味？必须有高度，开阔，才能"远旷"。园林布景往往局促，如何能登临送目？惠荫园中有"棕亭"。人在"棕亭"中俯览，看到的是什么？万家烟火气中，

① ［清］陈梦雷：《古今图书集成》第 499 册（《博物汇编·神异典·塔部汇考》第 122 卷），蒋廷锡校，中华书局，1985 年，第 58 页。
② 中华书局编辑部：《全唐诗》第 2 册，中华书局，1999 年，第 1315 页。
③ ［清］阚凤楼：《惠荫园八景小记》，见王稼句编注《苏州园林历代文钞》，上海三联书店，2008 年，第 123 页。

"白塔巍然，与虎丘断塔明灭斜阳烟际"。塔并不遥远，塔毕竟是可见的；塔又很遥远，塔究竟是万家烟火气的背景和装点。人与塔的距离感，只有身在亭中，才能够想象、试探，这种模糊的不确定的经验，恰恰构成了中国古代文人的心灵境域。

真正带有禅宗意味的塔，由香烟聚成。据《艺文类聚》卷七十六之"内典上"有《内典》篇，《咏阐弘二教诗》曰："香烟聚成塔，花雨积为台，空心论佛性，真气辩仙才。"[①] 此塔已幻似无形，而只能与心性、气韵相通了。这种幻化色彩的表述还有很多，另如《归来寺碑》曰："幡影扬于绛台，梵声依于应塔，三相不留，萧蚕终坏，八苦遐长，灯蛾未已。"[②] 这不只是视觉上的香烟，还把听觉上的梵声与塔联系起来了。

塔并不都是光鲜亮丽的，永远受人景仰、礼拜、供奉。戴叔伦《崇德道中》写道："废塔巢双鹤，长波漾白鸥。关山明月到，怆恻十年游。"[③] 塔不废，波不长，何以缅怀，何来凄怆？正因为塔易废，所以，情才寂寥，心才荒凉。王建于斯潸然泪下，"荒泉坏简朱砂暗，古塔残经篆字讹"[④]，"退朝寺里寻荒塔，经宿城南看野泉"[⑤]。古塔、荒塔，和废塔一样，沉默在时间长河里，颓废、沧桑、绵长。

作为一种象征、载体，塔之立是一种证明，塔之毁同样是一种证明。《余靖传》："靖为右正言，修起居注，开宝寺灵感塔灾，复上疏言：'五行之占，本是灾变，朝廷所宜，戒惧以答天意。闻尝诏取旧瘗舍利，入禁中阅视，道路传言，舍利在内廷有光怪，窃恐巧佞之人推为灵异，惑乱视听，再图营造。臣闻帝王之道，能勤俭厥德，感动人心，则虽有危难，后必安济。今自西陲用兵，国帑虚竭，民亡储蓄，十室九空，陛下若勤劳罪己，忧人之忧，则四民安居，海内蒙福，如不恤民病，广事浮费，奉佛求福，非天下所望也。若以舍利经火不坏，遽为神异，即木在土中，火所不及。若言舍利皆能出光怪，必有神灵凭之，此妄言也。且一塔不能自卫，为火所毁，况藉其福以庇民哉？'"[⑥] 自佛教传入中土之后，在历朝历代经久不息的灭佛宣言里，塔的断瓦颓垣，从来都是一种易于被拿来大做"文章"的家底。

---

① ［唐］欧阳询：《艺文类聚（下）》，汪绍楹校，上海古籍出版社，1982年，第1299页。
② 同上书，第1305页。
③ ［唐］戴叔伦：《崇德道中》，见《戴叔伦诗文集笺注》，南京师范大学出版社，2013年，第62页。
④ ［唐］王建：《同于汝锡游降圣观》，见《王建诗集校注》，尹占华校注，上海古籍出版社，2020年，第294页。
⑤ ［唐］王建：《寄杜侍御》，见《王建诗集校注》，尹占华校注，上海古籍出版社，2020年，第271页。
⑥ ［清］陈梦雷：《古今图书集成》第500册（《博物汇编·神异典·塔部汇考》第124卷），蒋廷锡校，中华书局，1985年，第8页。

三、造园与写意

以此为基础，塔投合了文人退思自我、寄情山水、返归自然的心灵意境，涌入中国古代文人的各种艺术创作活动中，尤其是园林、绘画中。

塔进入园林，成为治园的重要组成部分，乃与山水文化同时兴起。《太平御览》之“居处部二十五”有《园圃》篇，据《齐书》曰：“世祖太子性颇奢丽，宫内多雕饰，精绮过于王宫。开拓玄圃，园与台、楼、观、塔、宇多聚奇石，妙极山水。”[①] 自贵族、文人造设私园之始，塔就位列“仙班”，与有荣焉。宋之问《奉和荐福寺应制》有句：“莲生新步叶，桂长昔攀枝。涌塔庭中见，飞楼海上移。”[②] 这其中，“涌塔庭中见”，呈现出塔业已介入庭院建筑的印迹。张说的《侍宴囊荷亭应制》：“园林看化塔，坛墠识余封。山外闻箫管，还如天上逢。”[③] 对园林中有塔这一事实提供了更为明确的说明。

在文人眼中，园林的池水里，塔像什么？“笔”。沈周《草庵纪游诗并引》：“池广十亩，名放生，中有两塔，一藏四大部经目，一藏宝昙和尚舍利。东西二小洲，椭而方，浮泊塔下，犹笔砚相倚。”[④]沈周所记的草庵，乃大云庵，元至正间僧善庆建，“前有吉草庵者居之，遂讹为结草庵”[⑤]。隔岸相望，宛如浸没水中。内含之池，正是“涟漪”之心。双塔立于池中，本不稀奇，可贵在于它们都庋藏着本该有的经目、舍利。小洲如砚，双塔如笔，写尽了江南画意。无论如何，塔是可以把玩于指掌的，是案头体验天地之愿朝夕相伴的物品，它脱尽了森严的死亡气息，以一种审美“距离”满含寓意，慰藉着数百年来空寂的心灵，沈周，只是点题。

塔下凿池，还有一个目的，可见塔影。顾苓《虎丘塔影园记》曰：“初于虎丘南岸诛茅结庐，名海涌山庄，凿池及泉，池成而塔影见，张伯起先生为赋诗云：‘雁塔朝流舍利光，半空飞影入寒塘。应知不是池中物，会有题名在上方。’”[⑥] 塔下必有池，池中必有水，必有人悦水中的塔影，毋庸置疑，出自文人的审美目的。海涌山庄在虎丘便山桥南，并非顾苓始建，乃文肇祉所筑，后顾

---

① ［宋］李昉等：《太平御览》第3册，上海古籍出版社，2008年，第3页。
② ［唐］沈佺期、宋之问：《沈佺期宋之问集校注（下）》，陶敏、易淑琼校注，中华书局，2001年，第479页。
③ ［唐］张说：《张说集校注》第1册，熊飞校注，中华书局，2013年，第21页。
④ ［明］沈周：《草庵纪游诗并引》，见王稼句编注《苏州园林历代文钞》，上海三联书店，2008年，第16页。
⑤ 同上。
⑥ ［清］顾苓：《虎丘塔影园记》，见王稼句编注《苏州园林历代文钞》，上海三联书店，2008年，第112页。

苓居之，更名为云阳草堂，然而根据《虎阜志》的记载，“塔影园”始终是它最著名的称谓。所以，“凿池及泉，池成而塔影见”，无疑是其核心“命题”。

佛教建筑的园林化和在园林中引入佛教元素，实际上是“一体两面”的事件。有学者指出，“在中国，传统的园林艺术就直接被用来作为描绘天国的特殊手段。寺观建筑用宫殿式建筑和园林景色，为佛道神仙提供人间的宫殿和苑囿，并极力向世人展示天国的景象，寺观殿宇楼阁和自然环境构成的园林仙境与人间苦难生活形成强烈对比而产生极大诱惑力，吸引人们对宗教世界的向往。”①塔为什么要建立在如画的山水中？甚至成为山水的一部分？因为塔、山水、园林、天国都有同一种性质，即“彼岸性”——它们的存在寄寓着人们的理想，蕴含着艺术的想象。理想和理想是可以叠加的，想象和想象是可以互助的，塔在山水中和山水中有塔，属于同一种逻辑——“彼岸”逻辑。

塔在文人，尤其是文人画家的心中有何“价值”？通过点缀山水以寻求舒缓、静谧、均衡的生命韵律与节奏。沈周之作，不避讳“死亡”，他在《两江名胜图册》中不仅画了岳庙的“庙堂”，还画了岳庙的坟冢；但这并不意味着他对“死亡”实施一揽子全盘接受计划，非照单全收——之于塔，尤其如此。他此刻着笔，彼时忽略（图 5-9）。

在《虎丘送客图轴》中，在人们最理所当然、最习惯于画塔的地方没有画塔，他说，他要画的是送客的心灵体验——“空”（图 5-10）。然而，在《两江名胜图册》中，在岳庙之外，他画了两座塔，一座在太湖，一座在高邮。为什么用塔来表现太湖，表现高邮？这算不算是太湖、高邮的地标性建筑？这就像是点茶之道，有关，却又没有直接关联。沈周的真正目的，是在用塔来表现塔旁城墙上的门楼、水中央的桥洞——城墙环绕，与塔衔接；桥拱如月，曲直有度。塔在沈周的笔下，是心向往之的意念，是脉络，更是诗情。

陈淳是文徵明的弟子，因号白阳，与徐渭并称“青藤白阳”，为明代文人画中写意花鸟画的代表。换句话说，山水不是陈淳的特长。他还有一幅《金焦图卷》，是有感于周贞庵《金焦行》诗后的即兴之作，与《紫薇村图》的风格有些类似，也是在一片苍茫的大江流中画石山，山的顶峰接近于画面的上沿。区别在于，《紫薇村图》的山顶上，着意刻画了一座耸立着的五级之塔。把塔画在山的顶峰，乃至顶格在画面上沿者，多有枯槁悲凉的意境——水天寥廓，山下平林古松，山上独塔茅檐，寄寓在一座清冷的孤山之上，表达的正是一种褪尽繁

---

① 傅谨、沈冬梅：《中国寺观》，浙江人民出版社，1996 年，第 36—37 页。

图 5-9 《两江名胜图册》(局部)

华的意境(图 5-11)。

宋旭生于 1525 年,浙江嘉兴人,受到过吴门画派的巨大影响,家住石门,自号石门,擅名万历。他最终成为僧人,法号祖玄,又号天池发僧、景西居士。没有出家的经历,如何可能画得出《达摩面壁图轴》,画得出达摩那超然而又淡然的眼神(图 5-12)。

图卷和图轴是不一样的,图轴是纵向打开的,图卷是横向展现的。在《武陵山水图卷》这幅横幅作品中,塔的位置基本上接近于右侧的黄金分割点,位于水岸边,与水中的行船遥相呼应。在塔的左侧,图卷中部,宋旭自题:“嘉靖丙寅秋暮石门宋旭写于云间之圆通精舍”。结合整幅作品来看,塔非但不是山峦起伏的制高点,反倒似乎处于“水平线”上——塔留给人们的视觉印象不是高,而是遥远,处于彼岸,隐约可见。这样一座塔,显然是宋旭心中的充满禅意的塔——武陵山水本身,就是宋旭所要塑造的一则“神话”(图 5-13)。

图 5-10 《虎丘送客图轴》

图 5-11 《紫薇村图》

图 5-12 《达摩面壁图轴》

图 5-13《武陵山水图卷》

叶欣是一位非常特殊的画家，他本是上海松江人，后流寓金陵，被称为“金陵八家”之一。他的画风“工细幽淡”，十分清雅。他的用笔、用色总是很“素”，很“轻”，很“薄”，很“浅”，有烟雾弥漫，雨后新晴的氤氲之感，《山水册》中的场景就很典型（图 5-14）。在这幅画中，塔“高高在上”，像树，像石崖一样矗立在山间，悬崖峭壁上，而与平坦的佛殿、山门构成了对比。

不过，“高高在上”不是绝对的，不是围绕于塔，属于塔的唯一“理性”，不可一概而论，例如，在晚清画家吴石仙的《秋山夕照图轴》和《溪山烟雨图轴》中，塔就处于地势平缓之处。①

同为“金陵八家”之一的吴宏也画过塔。在《秋景山水图轴》中，山路崎岖而曲折婉转，在一个就要隐没的折角处，有一座三层之塔，与一座攒尖的茅亭，两棵杂树相伴共生。这座塔旁，并未见其他佛教类建筑群，似乎是独立的，更像是点缀秋景的伏笔。在塔之上，再无建筑，塔所在位置的相对高度，印证了它留给人们的一贯印象（图 5-15）。

① 参见《中国美术全集》编委会：《中国美术全集》第 12 册，人民美术出版社，2014 年，第 200—201 页。

图 5-14 《山水册》(之二)

图 5-15 《秋景山水图轴》

除了《秋景山水图轴》之外，和叶欣一样，吴宏也画过《山水册》，吴宏的《山水册》的用色要比叶欣的画作浓烈得多。吴宏的《山水册》中也有一座塔。《山水册》中的塔与《秋景山水图轴》中所画的塔，在形式上，在所处的位置上都非常接近，区别在于周边的佛教建筑群对其有所围护（图 5–16）。

黄向坚，苏州人，其父因战乱流寓云南姚州（今云南姚安县），黄向坚不远万里徒步寻亲，并画下了沿途所见的山水风景，包括这幅《点苍山色图轴》（图 5–17）。通过这幅图轴清晰可见，塔俨然是“仰观俯察”的绝佳视点。塔的高度并不是要与世隔绝，而是要在观察这个世界的同时保持距离感。

王鉴生于书香门第，太仓人，王世贞的曾孙，为清初“四王”“六家”之一，出入宋元，鲜有敌手，吴伟业将其与董其昌、李流芳等并称为“画中九友”。董其昌说他“学画唯多仿古人”，《仿古山水册》即是如此，仿的是陈惟允。陈汝言字惟允，寓居苏州，与其兄陈汝秩字惟寅者并称大小髯，工诗善画。王鉴的画，远法董源、巨然，近宗王蒙、黄公望，用墨浓润，但此图使用的皴法却极为淡泊空灵，一座五级之塔非但不立于山巅，反藏在山坳里，清雅爽朗，面目自然，与四周的环境融为一体。① 王翚亦为清初“四王”“六家”之一，常熟人，为虞山派鼻祖。王翚的仿古山水亦可以用疏朗明快来概括。能够把塔画得如此缥缈、虚无、杳远的，唯有王翚此作。塔几乎是不可见的隐没着的，但却给人们留下了深刻的印象——那里，一定有一座塔。② “四王”指的是王鉴、王时敏、王翚、王原祁，“六家”指的就是“四王”以及吴历、恽寿平。巧合的是，吴历的《静深秋晓图轴》里，也有一座塔——靠近图轴的中部、左缘，恍惚间，仿佛是一棵可有可无的树。塔就是自然的一部分，“流淌”着的“自然”本身（图 5–18）。当然，历史上，还有能“摆脱”“四王”窠臼者，如张崟。张崟因家道中落，卖画为生，晚年贫病交加，对所谓的豪门贵族有所反感、讥讽。不过，起码就塔所在的位置和意义而言，仅从构图形式上来说，张崟的《春流出峡图轴》未必比“四王”“六家”走得更远。

① 参见《中国美术全集》编委会：《中国美术全集》第 11 册，人民美术出版社，2014 年，第 8 页。

② 同上书，第 16 页。

上：图 5-16 《山水册》（之一）

右：图 5-17 《点苍山色图轴》（局部）

图 5-18 《静深秋晓图轴》

版画插图中的塔与文人画中的塔并无本质区别，一如嵩山、灵岩山、西湖中的塔，与自然密切贴合，俨然成为一道自然而然的“风景线”——可参见《怀嵩堂赠言》[①]《灵岩寺志》[②]《西湖佳话插图》[③]。塔同样经常出现在百姓日常生活所需要的年画中。例如清中叶北京的《西湖十景》[④]、苏州的《姑苏报恩进香》[⑤]、晚清山西临汾的《断桥》[⑥]等。

当然，所谓的佛塔艺术，帝王庙堂绝不缺席。苏东坡曾经说过，“斋戒持律，讲诵其书，而崇饰塔庙，此佛之所以日夜教人者也”[⑦]。戒律是针对僧侣而言的，诵书是针对居士而言的，而崇饰塔庙，则是普通百姓乃至君王信仰佛法最基本的手段和途径。

河北定州静志寺塔基地宫是在北宋太平兴国二年（977）五月二十二日封闭的，四壁均有壁画。除了哀伤外，礼拜、供奉也是佛塔地宫壁画的主要题材之一。地宫东壁绘制着《梵王礼佛图》。《帝释礼佛图》位于地宫西壁，表现释迦牟尼涅槃后帝释偕同侍女礼佛的场景。[⑧]这幅壁画中的帝释显得格外高贵，虽无项光，但有宝冠，博带上衣，曳地长裙，静穆高贵，两位侍女则侧目凝视主人，沉默不语。无论如何，礼佛都不是个人内心的意念所为，而是外在的群体的社会行为，众生皆有可能汇聚于此，如帝释、胡僧、贵族、供养人等。佛塔艺术可谓渗入了各个社会阶层当中。

---

① 参见《中国美术全集》编委会：《中国美术全集》第21册，人民美术出版社，2014年，第183页。
② 同上书，第187页。
③ 同上书，第208页。
④ 参见《中国美术全集》编委会：《中国美术全集》第22册，人民美术出版社，2014年，第19页。
⑤ 同上书，第166页。
⑥ 同上书，第96页。
⑦ ［宋］苏轼：《苏东坡全集（中）》，邓立勋编校，黄山书社，1997年，第33页。
⑧ 参见《中国美术全集》编委会：《中国美术全集》第14册，人民美术出版社，2014年，第31页。

结语

佛塔在中国古代社会的公共空间与私人生活之间的往复挪移、换位，充分说明它是一种因鲜活而不断游走的艺术母本。佛教建筑能够以明确的身份与意涵进入民居，进入非宗教性建筑群体，大量出现在文人笔头的形式是佛塔。所以，佛塔无疑是佛教建筑美学世界里最经典、最突出、最值得书写的案例之一。